Impressum
Verlag: BABADADA GmbH, Nedderfeld 112 , 22529 Hamburg
Geschäftsführer / Verlagsleitung: Harald Hof
Druck: Books on Demand GmbH, In de Tarpen 42, 22848 Norderstedt

Imprint
Publisher: BABADADA GmbH, Nedderfeld 112 , 22529 Hamburg, Germany
Managing Director / Publishing direction: Harald Hof
Print: Books on Demand GmbH, In de Tarpen 42, 22848 Norderstedt

1

σχολείο
skóli

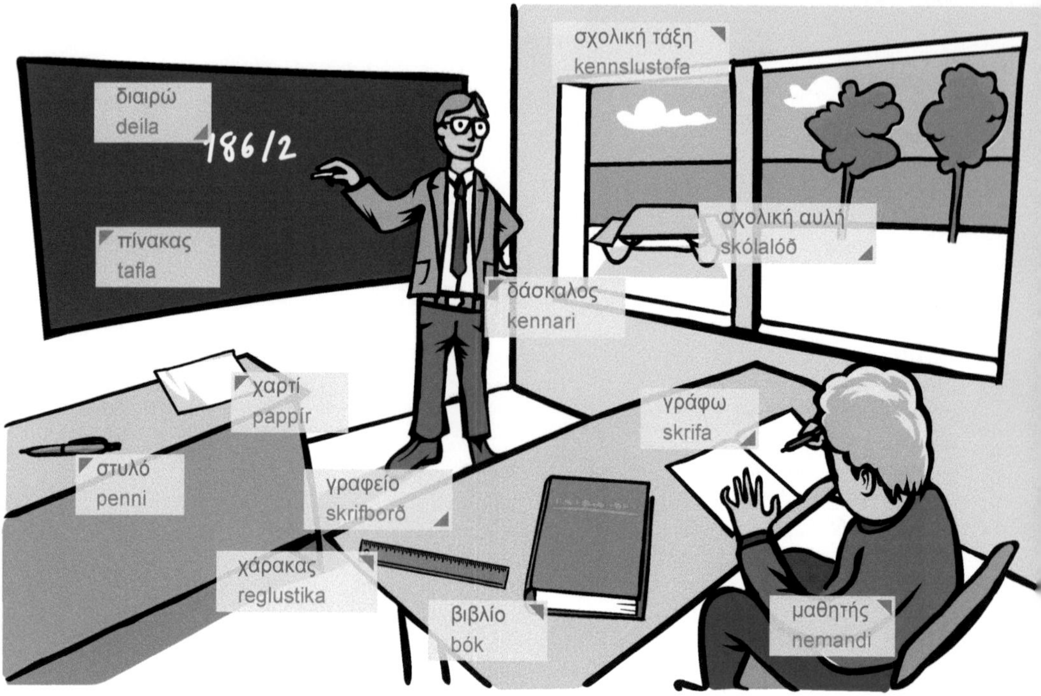

σχολική τάξη
kennslustofa
διαιρώ
deila
186/2
πίνακας
tafla
σχολική αυλή
skólalóð
δάσκαλος
kennari
χαρτί
pappír
γράφω
skrifa
στυλό
penni
γραφείο
skrifborð
χάρακας
reglustika
βιβλίο
bók
μαθητής
nemandi

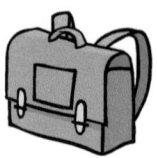

σχολική τσάντα

skólataska

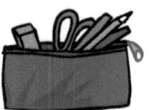

κασετίνα/ μολυβοθήκη

pennaveski

μολύβι

blýantur

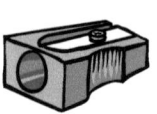

ξύστρα

yddari

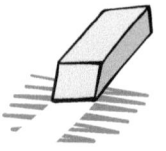

γόμα

strokleður

μπλοκ ζωγραφικής

teikniblað

ζωγραφική

teikning

πινέλο

pensill

κουτί χρωμάτων

litakassi

ψαλίδι

skæri

κόλλα

lím

τετράδιο ασκήσεων

æfingabók

εργασία για το σπίτι

heimavinna

12

αριθμός

númer

2+2

προσθέτω

leggja saman

5-2

αφαιρώ

draga frá

2×2

πολλαπλασιάζω

margfalda

υπολογίζω

reikna

A

γράμμα

bréf

ABCDEFG HIJKLMN OPQRSTU VWXYZ

αλφάβητο

stafróf

hello

λέξη

orð

κείμενο
texti

διαβάζω
lesa

κιμωλία
krít

μάθημα
kennslustund

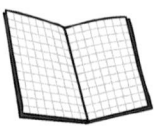

εγγράφομαι
kladdi

τεστ
próf

πιστοποιητικό
vottorð

μαθητική στολή
skólabúningur

εκπαίδευση
menntun

εγκυκλοπαίδεια
alfræðirit

πανεπιστήμιο
háskóli

μικροσκόπιο
smásjá

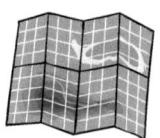

χάρτης
kort

καλάθι αχρήστων
ruslakarfa

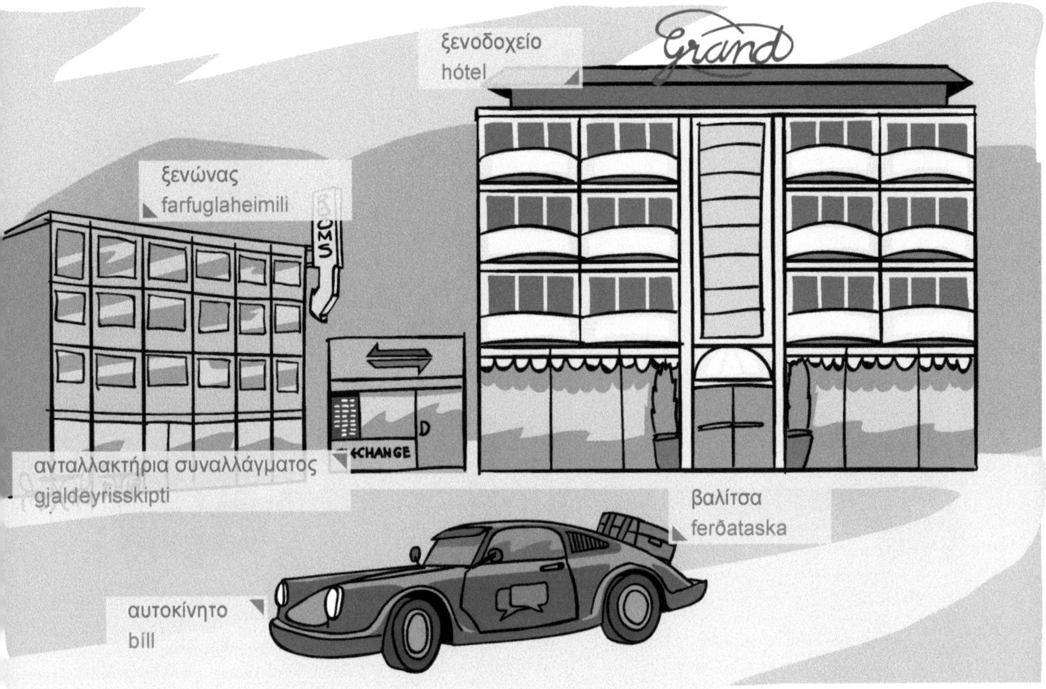

ξενοδοχείο
hótel
Grand
ξενώνας
farfuglaheimili
ROOMS
ανταλλακτήρια συναλλάγματος
gjaldeyrisskipti
EXCHANGE
βαλίτσα
ferðataska
αυτοκίνητο
bíll

γλώσσα

tungumál

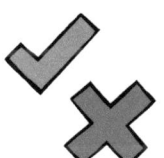

ναι / όχι

já / nei

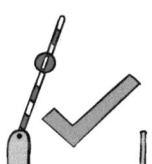

εντάξει

allt í lagi

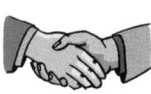

γεια σου

halló

μεταφραστής

þýðandi

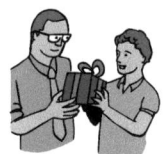

Ευχαριστώ

takk fyrir

πόσο κάνει ;
hvað kostar…?

Δε καταλαβαίνω
Ég skil ekki

πρόβλημα
vandamál

Καλησπέρα!
Gott kvöld!

Καλημέρα!
Góðan dag!

Καληνύχτα!
Góða nótt!

Αντίο
bless bless

κατεύθυνση
átt

αποσκευές
farangur

τσάντα
taska

σακίδιο πλάτης
bakpoki

καλεσμένος
gestur

δωμάτιο
herbergi

υπνόσακος
svefnpoki

σκηνή
tjald

τουριστικές πληροφορίες

upplýsingamiðstöð

παραλία

strönd

πιστωτική κάρτα

kreditkort

πρωινό

morgunverður

μεσημεριανό

hádegisverður

δείπνο

kvöldmatur

εισιτήριο

farmiði

ανελκυστήρας

lyfta

γραμματόσημο

frímerki

σύνορα

landamæri

τελωνείο

tollur

πρεσβεία

sendiráð

βίζα

vegabréfsáritun

διαβατήριο

vegabréf

μεταφορά
samgöngur

αεροπλάνο
flugvél

πλοίο
skip

πυροσβεστικό όχημα
slökkviliðsbíll

λεωφορείο
strætó

φορτηγό
vörubíll

χανοκίνητο σκάφος
lbátur

ποδήλατο
hjól

αυτοκίνητο
bíll

φεριμπότ
ferja

βάρκα
bátur

μοτοσικλέτα
mótorhjól

περιπολικό
lögreglubíll

αγωνιστικό αυτοκίνητο
kappakstursbíll

ενοικιαζόμενο αυτοκίνητο
bílaleigubíll

διαμοιρασμός αυτοκινήτων
bílasamneyti

γερανός
dráttarbíll

απορριμματοφόρο
öskubíll

κινητήρας
vél

καύσιμο
eldsneyti

βενζινάδικο
bensínstöð

πινακίδα σήμανσης
umferðarskilti

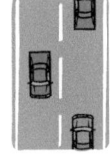

κυκλοφορία
umferð

κυκλοφοριακή συμφόρηση
umferðarteppa

χώρος στάθμευσης
bílastæði

σιδηροδρομικός σταθμός
lestarstöð

σιδηροδρομικές γραμμές
járnbrautarteinar

τρένο
lest

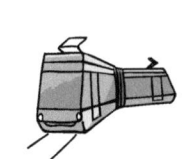

τραμ
sporvagn

βαγόνι
vagn

ελικόπτερο

þyrla

αεροδρόμιο

flugvöllur

πύργος

turn

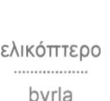

επιβάτης

farþegi

εμπορευματοκιβώτιο

gámur

χαρτοκιβώτιο

pappakassi

καρότσι

kerra

καλάθι

karfa

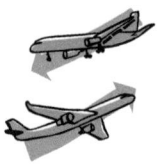

απογειώνομαι /
προσγειόνομαι

takast á loft / lenda

πόλη
borg

χωριό

þorp

κέντρο της πόλης

miðbær

σπίτι

hús

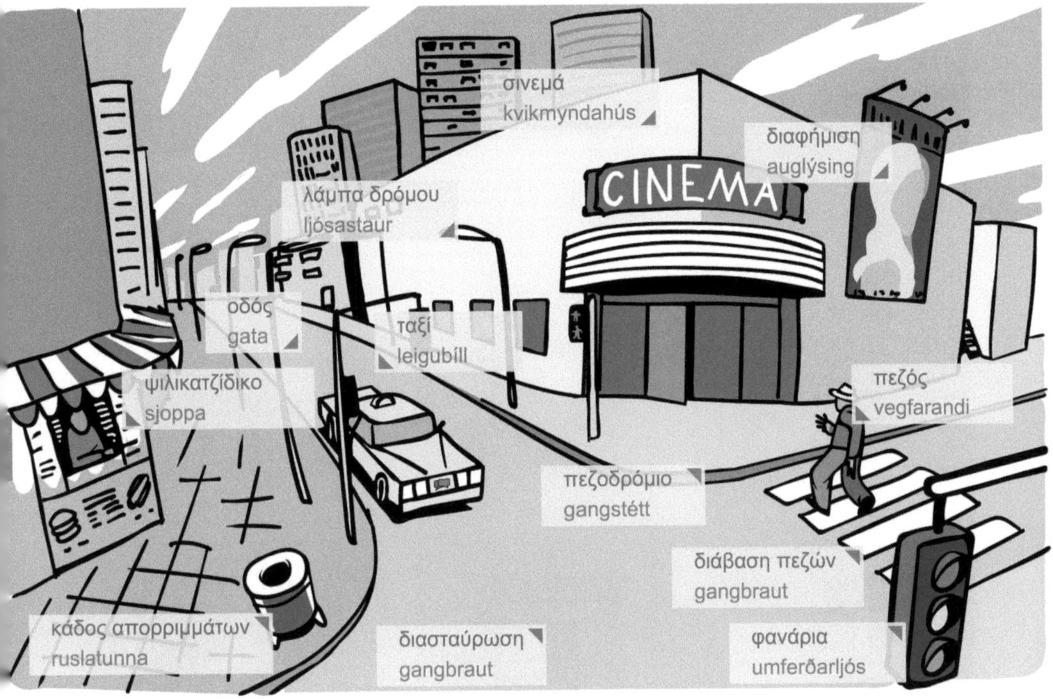

σινεμά
kvikmyndahús
CINEMA
διαφήμιση
auglýsing
λάμπα δρόμου
ljósastaur
οδός
gata
ταξί
leigubíll
ψιλικατζίδικο
sjoppa
πεζός
vegfarandi
πεζοδρόμιο
gangstétt
διάβαση πεζών
gangbraut
κάδος απορριμμάτων
ruslatunna
διασταύρωση
gangbraut
φανάρια
umferðarljós

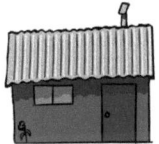

καλύβα

skáli

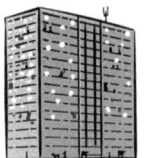

διαμέρισμα

íbúð

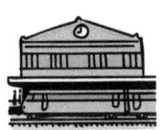

σιδηροδρομικός σταθμός

lestarstöð

δημαρχείο

ráðhús

MUSEUM

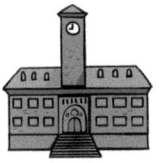

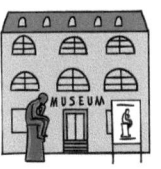

μουσείο

safn

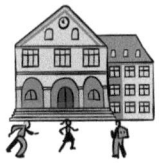

σχολείο

skóli

πανεπιστήμιο
háskóli

τράπεζα
banki

νοσοκομείο
sjúkrahús

ξενοδοχείο
hótel

φαρμακείο
apótek

γραφείο
skrifstofa

βιβλιοπωλείο
bókabúð

κατάστημα
búð

ανθοπωλείο
blómabúð

σούπερ μάρκετ
kjörbúð

αγορά
markaður

πολυκατάστημα
stórmarkaður

ιχθυοπωλείο
fiskbúð

εμπορικό κέντρο
verslunarmiðstöð

λιμάνι
höfn

πάρκο

almenningsgarður

παγκάκι

bekkur

γέφυρα

brú

σκάλες

stigi

μετρό

neðanjarðarlest

τούνελ

göng

στάση λεωφορείου

biðstöð

μπαρ

bar

εστιατόριο

veitingastaður

γραμματοκιβώτιο

póstkassi

πινακίδα δρόμου

götuskilti

παρκόμετρο

stöðumælir

ζωολογικός κήπος

dýragarður

πισίνα

sundlaug

τζαμί

moska

πόλη - borg

αγρόκτημα

bær

ρύπανση

mengun

νεκροταφείο

kirkjugarður

εκκλησία

kirkja

παιδική χαρά

leiksvæði

ναός

musteri

τοπίο
landslag

φύλλο
laufblað

πινακίδα κατεύθυνσης
leiðarvísir

δρόμος
leið

λιβάδι
engi

πέτρα
steinn

πεζοπόρος
göngufólk

δέντρο
tré

ποτάμι
á

χορτάρι
gras

λουλούδι
blóm

κοιλάδα

dalur

λόφος

hæð

λίμνη

stöðuvatn

δάσος

skógur

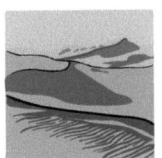

έρημος

eyðimörk

ηφαίστειο

eldfjall

κάστρο

kastali

ουράνιο τόξο

regnbogi

μανιτάρι

sveppur

φοίνικας

pálmatré

κουνούπι

moskítófluga

μύγα

fluga

μυρμήγκι

maur

μέλισσα

býfluga

αράχνη

kónguló

σκαθάρι

bjalla

βάτραχος

froskur

σκίουρος

íkorni

σκαντζόχοιρος

broddgöltur

λαγός

héri

κουκουβάγια

ugla

πουλί

fugl

κύκνος

svanur

αγριογούρουνο

villisvín

ελάφι

dádýr

άλκη

elgur

φράγμα

stífla

ανεμογεννήτρια

vindmylla

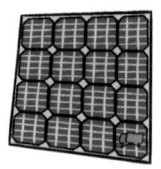

ηλιακός συλλέκτης

sólarrafhlaða

κλίμα

loftslag

εστιατόριο
veitingastaður

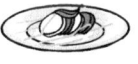

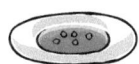

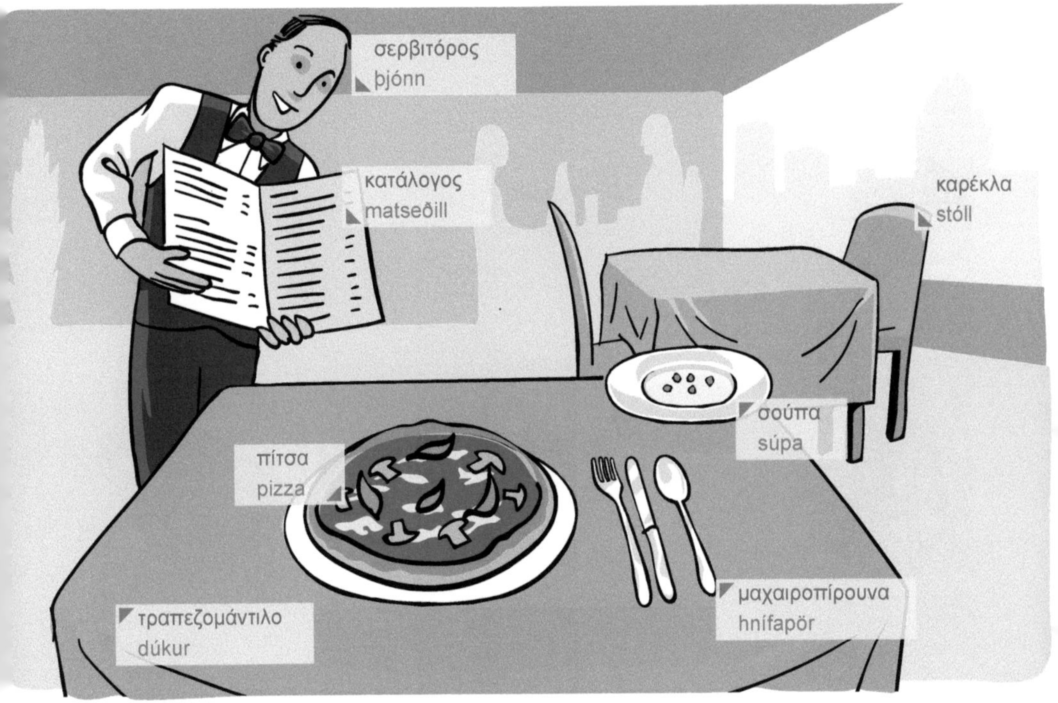

σερβιτόρος
þjónn
κατάλογος
matseðill
καρέκλα
stóll
σούπα
súpa
πίτσα
pizza
μαχαιροπίρουνα
hnífapör
τραπεζομάντιλο
dúkur

ορεκτικό
forréttur

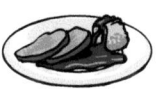

κύριο πιάτο
aðalréttur

επιδόρπιο
eftirréttur

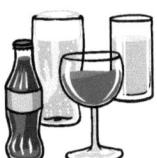

ποτά
drykkir

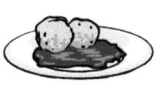

φαγητό
matur

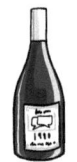

μπουκάλι
flaska

φαστ φουντ

skyndibiti

φαγητό στ' όρθιο

götumatur

τσαγιέρα

teketill

δοχείο ζάχαρης

sykurskál

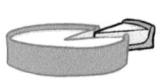

μερίδα

skammtur

μηχανή εσπρέσο

espressovél

ψηλή καρέκλα

barnastóll

λογαριασμός

reikningur

δίσκος

bakki

μαχαίρι

hnífur

πιρούνι

gaffall

κουτάλι

skeið

κουταλάκι του τσαγιού

teskeið

πετσέτα φαγητού

servíetta

ποτήρι

glas

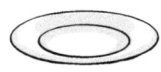

πιάτο
diskur

πιάτο σούπας
súpudiskur

πιατάκι φλιτζανιού
undirskál

σάλτσα
sósa

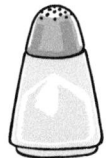

αλατιέρα
saltstaukur

μύλος για πιπέρι
piparkvörn

ξύδι
edik

λάδι
olía

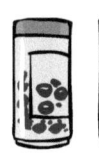

μπαχαρικά
krydd

κέτσαπ
tómatsósa

μουστάρδα
sinnep

μαγιονέζα
majónes

σούπερ μάρκετ

σούπερ μάρκετ
kjörbúð

προσφορά
tilboð

πελάτης
viðskiptavinur

γαλακτοκομικά προϊόντα
mjólkurvörur

φρούτα
ávöxtur

καρότσι για ψώνια
búðarkerra

κρεοπωλείο
slátrari

φούρνος
bakarí

ζυγίζω
vega

λαχανικά
grænmeti

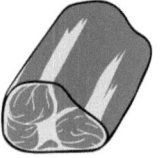

κρέας
kjöt

κατεψυγμένα τρόφιμα
frosinn matur

αλλαντικά

kjötálegg

κονσερβοποιημένη τροφή

niðursoðinn matur

απορρυπαντικό ρούχων

þvottaefni

γλυκά

sælgæti

οικιακά είδη

vörur til heimilisnota

καθαριστικά προϊόντα

hreinsiefni

πωλήτρια

afgreiðslukona

ταμείο

afgreiðslukassi

ταμίας

gjaldkeri

λίστα για ψώνια

innkaupalisti

ωράριο λειτουργίας

opnunartímar

πορτοφόλι

veski

πιστωτική κάρτα

kreditkort

τσάντα

poki

πλαστική σακούλα

plastpoki

νερό

vatn

χυμός

safi

γάλα

mjólk

κόκα κόλα

kók

κρασί

vín

μπίρα

bjór

αλκοόλ

áfengi

κακάο

kakó

τσάι

te

καφές

kaffi

εσπρέσο

espresso

καπουτσίνο

kaffi

μπανάνα

banani

μήλο

epli

πορτοκάλι

appelsínugulur

πεπόνι

melóna

λεμόνι

sítróna

καρότο

gulrót

σκόρδο

hvítlaukur

μπαμπού

bambus

κρεμμύδι

laukur

μανιτάρι

sveppir

ξηροί καρποί

hnetur

νουντλς

núðlur

μακαρόνια	ρύζι	σαλάτα
spagettí	hrísgrjón	salat

πατατάκια	τηγανητές πατάτες	πίτσα
franskar kartöflur	steiktar kartöflur	pizza

χάμπουργκερ	σάντουιτς	κοτολέτα
hamborgari	samloka	snitsel
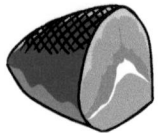		
ζαμπόν	σαλάμι	λουκάνικο
skinka	salami	pylsa

κοτόπουλο	ψητό	ψάρι
kjúklingur	steik	fiskur

χυλός βρώμης

haframjöl

μούσλι

múslí

κορν φλέικς

kornflögur

αλεύρι

hveiti

κρουασάν

franskt horn

ψωμάκι

smábrauð

ψωμί

brauð

τοστ

ristað brauð

μπισκότα

kex

βούτυρο

smjör

τυρόπηγμα

ystingur

κέικ

kaka

αυγό

egg

τηγανητό αυγό

spælt egg

τυρί

ostur

φαγητό - matur

παγωτό

ís

ζάχαρη

sykur

μέλι

hunang

μαρμελάδα

sulta

άλλειμμα σοκολάτας

súkkulaðiálegg

κάρυ

karrý

αγρόκτημα

bær

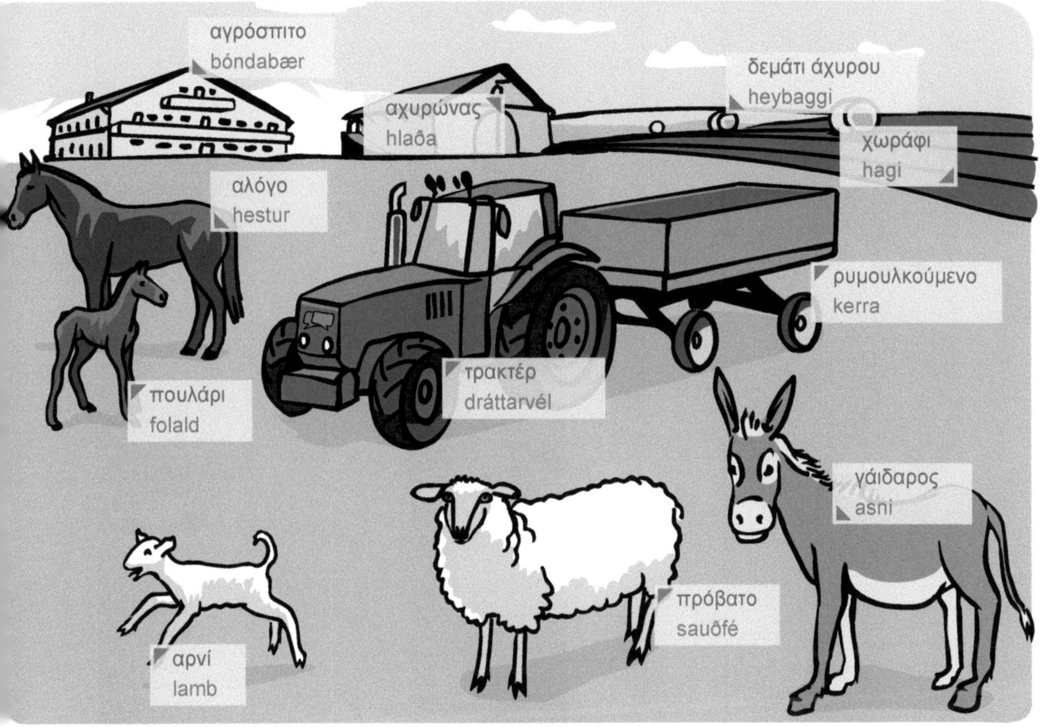

αγρόσπιτο
bóndabær
αχυρώνας
hlaða
δεμάτι άχυρου
heybaggi
χωράφι
hagi
αλόγο
hestur
ρυμουλκούμενο
kerra
τρακτέρ
dráttarvél
πουλάρι
folald
γάιδαρος
asni
πρόβατο
sauðfé
αρνί
lamb

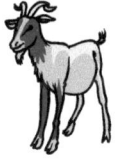

κατσίκα

geit

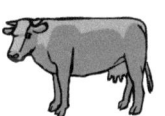

αγελάδα

kýr

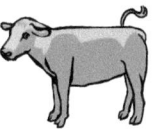

μοσχαράκι

kálfur

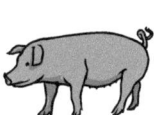

γουρούνι

svín

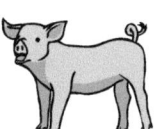

γουρουνάκι

grís

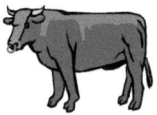

ταύρος

naut

χήνα

gæs

πάπια

önd

κοτοπουλάκι

ungi

κότα

hæna

κόκορας

hani

αρουραίος

rotta

γάτα

köttur

ποντίκι

mús

βόδι

uxi

σκύλος

hundur

σπιτάκι σκύλου

hundakofi

λάστιχο κήπου

garðslanga

ποτιστήρι

garðkanna

θεριστήρι

ljár

αλέτρι

plógur

δρεπάνι

sigð

τσάπα

hlújárn

δίκρανο

heygaffall

τσεκούρι

öxi

χειράμαξα

hjólbörur

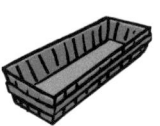

ταΐστρα

trog

δοχείο γάλακτος

mjólkurfata

σάκος

poki

φράχτης

girðing

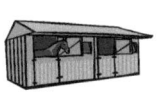

στάβλος

gripahús

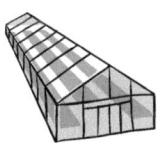

θερμοκήπιο

gróðurhús

έδαφος

jarðvegur

σπόρος

fræ

λίπασμα

áburður

θεριζοαλωνιστική μηχανή

kornskurðarvél

θερίζω

uppskera

συγκομιδή

uppskera

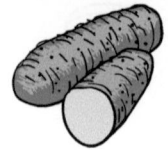

γιαμς

kínverskar kartöflur

σιτάρι

hveiti

σόγια

soja

πατάτα

kartafla

καλαμπόκι

maís

κράμβη

repja

οπωροφόρο δέντρο

ávaxtatré

μανιόκα

maníókarót

δημητριακά

korn

σπίτι
hús

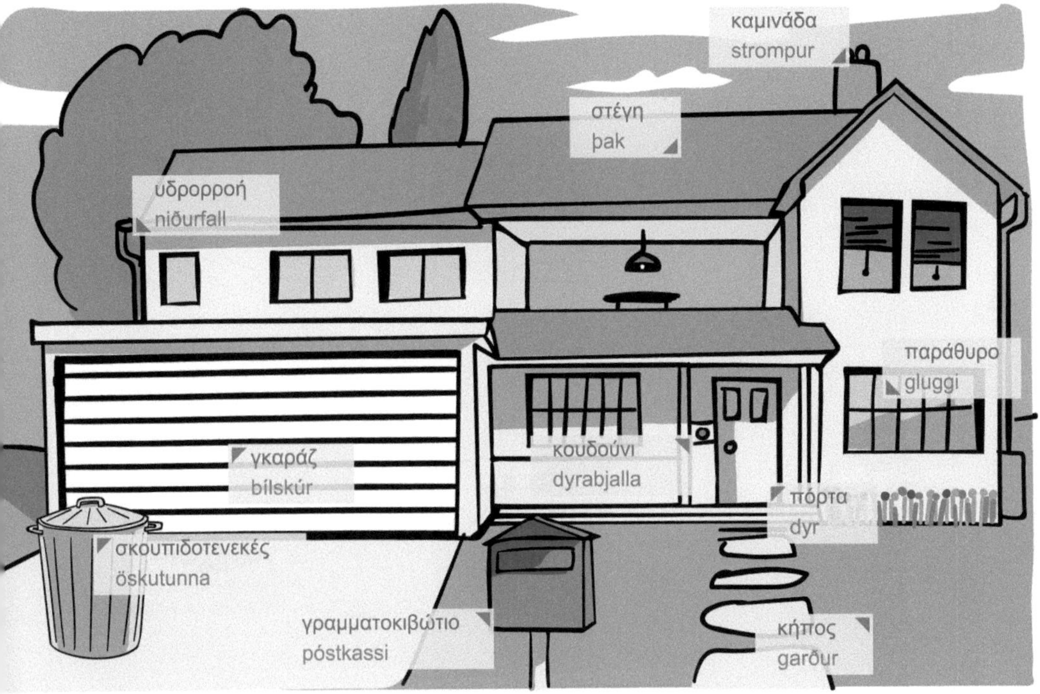
καμινάδα
strompur
στέγη
þak
υδρορροή
niðurfall
παράθυρο
gluggi
γκαράζ
bílskúr
κουδούνι
dyrabjalla
πόρτα
dyr
σκουπιδοτενεκές
öskutunna
γραμματοκιβώτιο
póstkassi
κήπος
garður

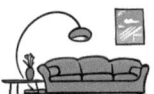

σαλόνι

stofa

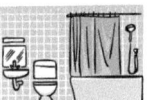

μπάνιο

baðherbergi

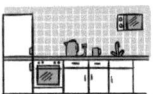

κουζίνα

eldhús

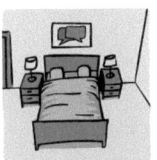

υπνοδωμάτιο

svefnherbergi

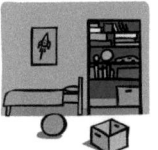

παιδικό δωμάτιο

barnaherbergi

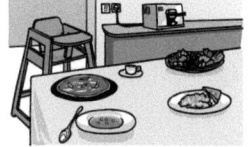

τραπεζαρία

borðstofa

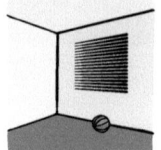

πάτωμα

gólf

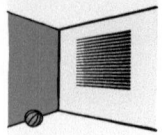

τοίχος

veggur

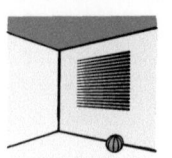

οροφή

loft

κελάρι

kjallari

σάουνα

gufubað

μπαλκόνι

svalir

βεράντα

verönd

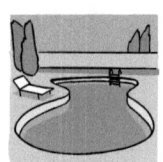

πισίνα

sundlaug

μηχανή του γκαζόν

sláttuvél

σεντόνι

lak

κάλυμμα κρεβατιού

rúmteppi

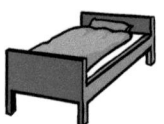

κρεβάτι

rúm

σκούπα

kústur

κουβάς

fata

διακόπτης

rofi

σαλόνι

stofa

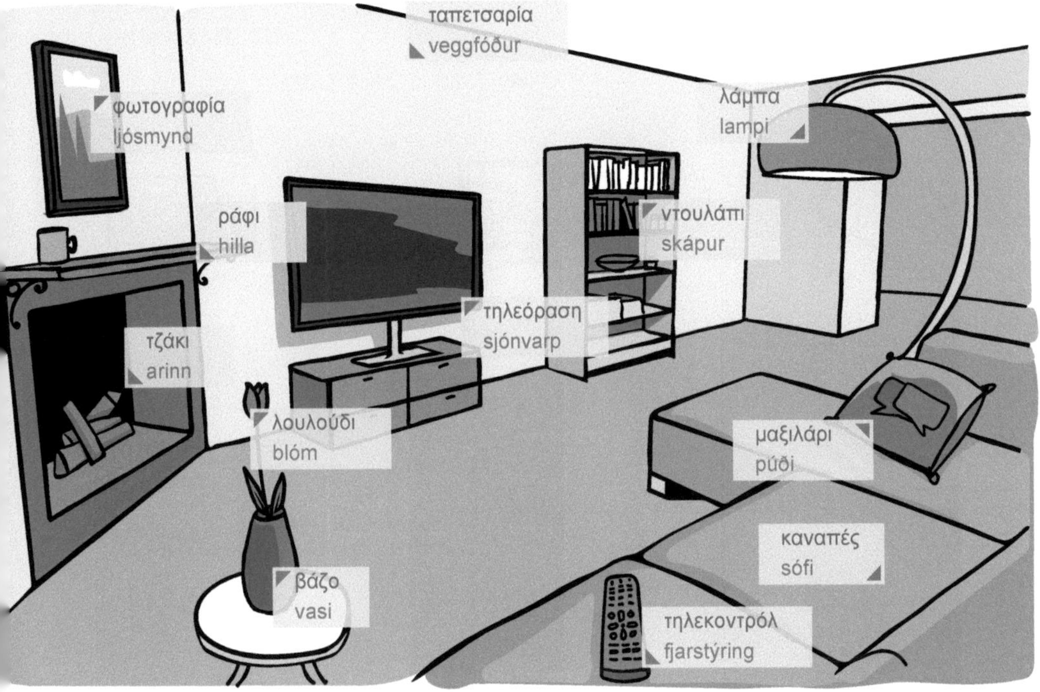
ταπετσαρία
veggfóður
φωτογραφία
ljósmynd
λάμπα
lampi
ράφι
hilla
ντουλάπι
skápur
τηλεόραση
sjónvarp
τζάκι
arinn
λουλούδι
blóm
μαξιλάρι
púði
καναπές
sófi
βάζο
vasi
τηλεκοντρόλ
fjarstýring

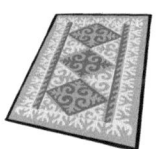

χαλί

teppi

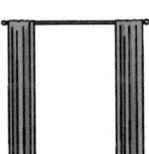

κουρτίνα

gardínur

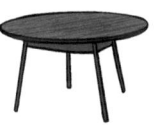

τραπέζι

borð

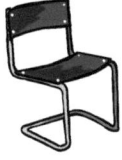

καρέκλα

stóll

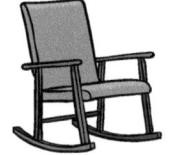

κουνιστή πολυθρόνα

ruggustóll

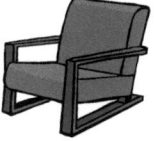

πολυθρόνα

hægindastóll

βιβλίο
bók

κουβέρτα
sæng

διακόσμηση
skraut

καυσόξυλα
eldiviður

ταινία
mynd

στερεοφωνικό σύστημα
hljómflutningstæki

κλειδί
lykill

εφημερίδα
dagblað

πίνακας ζωγραφικής
málverk

αφίσα
veggspjald

ραδιόφωνο
útvarp

σημειωματάριο
minnisbók

ηλεκτρική σκούπα
ryksuga

κάκτος
kaktus

κερί
kerti

κουζίνα
eldhús

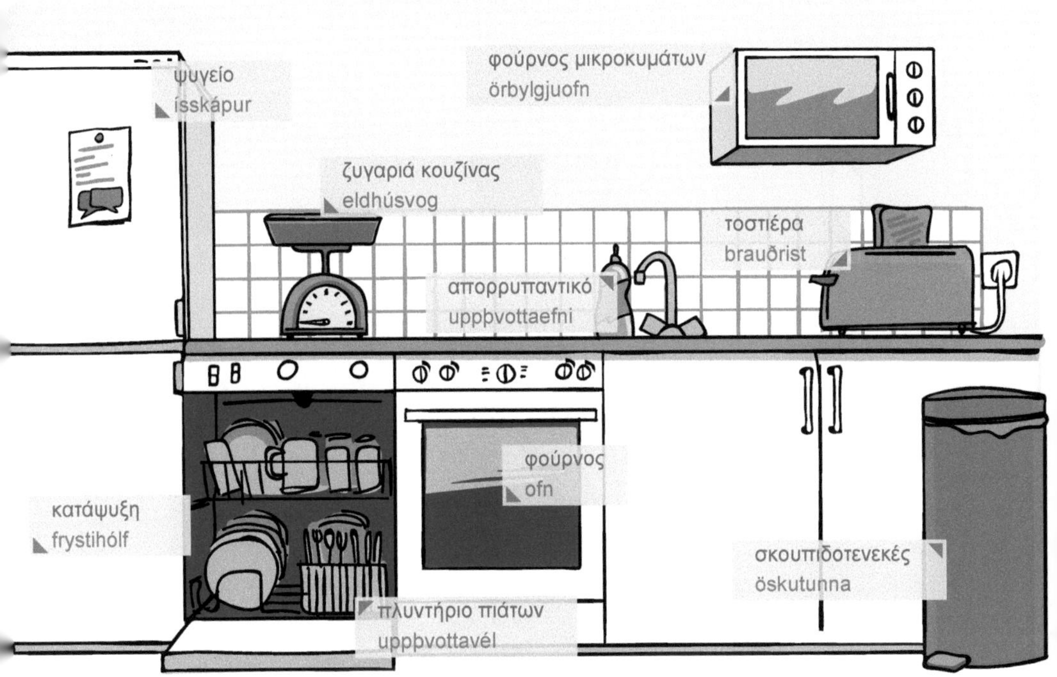

ψυγείο
ísskápur
φούρνος μικροκυμάτων
örbylgjuofn
ζυγαριά κουζίνας
eldhúsvog
τοστιέρα
brauðrist
απορρυπαντικό
uppþvottaefni
φούρνος
ofn
κατάψυξη
frystihólf
σκουπιδοτενεκές
öskutunna
πλυντήριο πιάτων
uppþvottavél

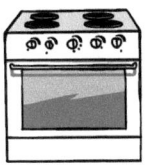

κουζίνα

eldavél

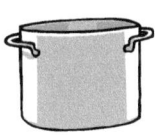

κατσαρόλα

pottur

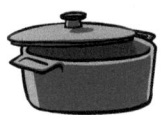

μαντεμένια κατσαρόλα

steypujárnspottur

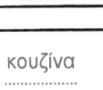

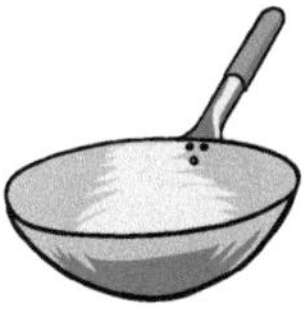

γουόκ/καντάι

wok/kadai

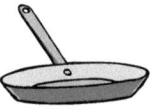

τηγάνι

panna

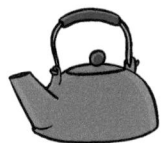

βραστήρας

ketill

ατμομάγειρας

gufukarfa

ταψί

ofnform

πιατικά

leirtau

κούπα

mál

μπολ

skál

ξυλάκια

prjónar

κουτάλα

ausa

σπάτουλα

spaði

ανακατεύω

pískur

σουρωτήρι

sigti

σουρωτηράκι

málmsigti

τρίφτης

rifjárn

γουδί

mortél

ψησταριά

grill

ανοιχτή φωτιά

opinn eldur

σανίδα κοπής

skurðarbretti

πλάστης

kökukefli

ανοιχτήρι φελλών

tappatogari

κονσέρβα

dós

ανοιχτήρι κονσέρβας

dósaopnari

γάντι φούρνου

pottaleppur

νεροχύτης

vaskur

βούρτσα

bursti

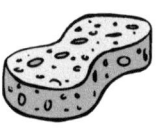

σφουγγάρι

svampur

μπλέντερ

blandari

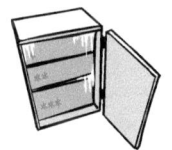

καταψύκτης

frystir

μπιμπερό

peli

βρύση

blöndunartæki

μπάνιο
baðherbergi

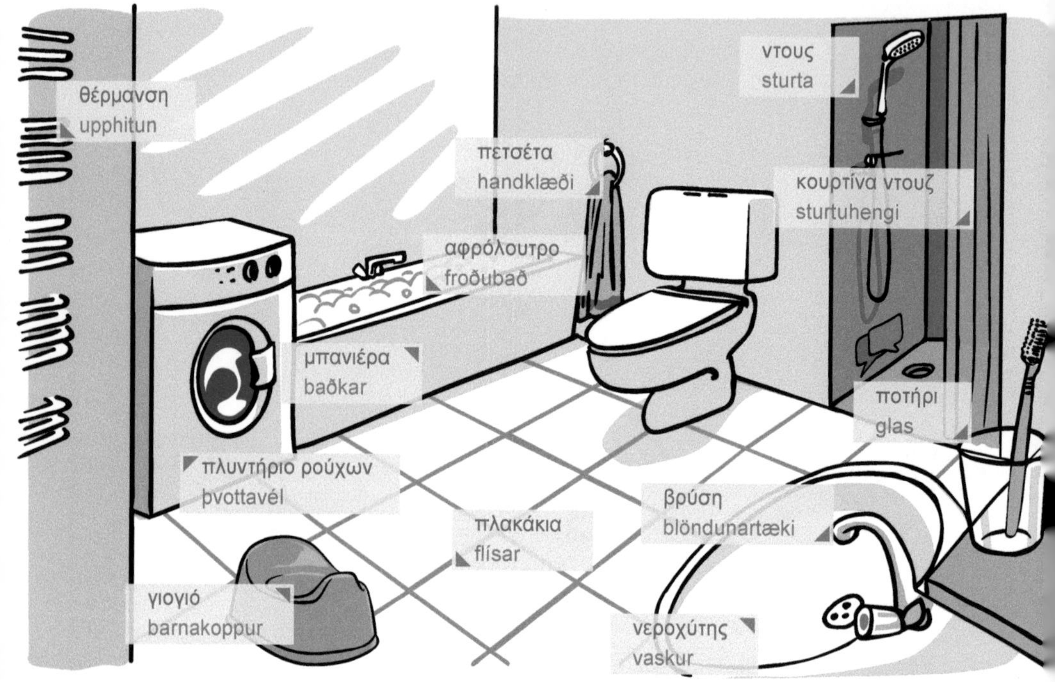

θέρμανση
upphitun
πετσέτα
handklæði
ντους
sturta
κουρτίνα ντους
sturtuhengi
αφρόλουτρο
froðubað
μπανιέρα
baðkar
ποτήρι
glas
πλυντήριο ρούχων
þvottavél
βρύση
blöndunartæki
πλακάκια
flísar
γιογιό
barnakoppur
νεροχύτης
vaskur

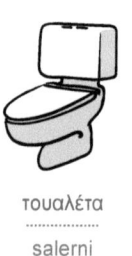

τουαλέτα

salerni

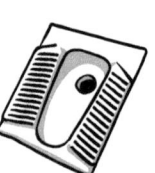

τούρκικη τουαλέτα

salerni án setu

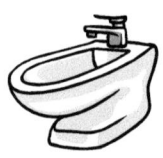

μπιντές

skolskál

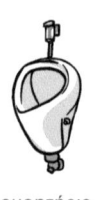

ουρητήριο

þvagskál

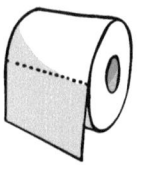

χαρτί υγείας

salernispappír

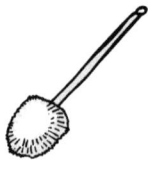

πιγκάλ

salernisbursti

οδοντόβουρτσα

tannbursti

οδοντόκρεμα

tannkrem

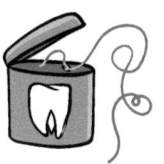

οδοντικό νήμα

tannþráður

πλένω

þvo

τηλέφωνο ντους

handsturta

ντουσιέρα

salernissturta

λεκάνη

vaskur

βούρτσα πλάτης

bakbursti

σαπούνι

sápa

αφρόλουτρο

sturtugel

σαμπουάν

sjampó

φανέλα

flannel

σιφόνι

niðurfall

κρέμα

krem

αποσμητικό

svitalyktareyðir

καθρέφτης

spegill

καθρέφτης χειρός

handspegill

ξυραφάκι

rakskafa

αφρός ξυρίσματος

raksápa

αφτερσέιβ

rakspíri

χτένα

greiða

βούρτσα

bursti

σεσουάρ

hárþurrka

λακ

hársprey

μακιγιάζ

farði

κραγιόν

varalitur

βερνίκι νυχιών

naglalakk

βαμβάκι

bómull

ψαλίδι νυχιών

naglaklippur

άρωμα

ilmvatn

νεσεσέρ

þvottapoki

σκαμπό

kollur

ζυγαριά

vog

μπουρνούζι

sloppur

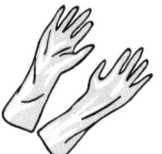

ελαστικά γάντια

gúmmíhanskar

ταμπόν

tíðatappi

πετσέτα υγιεινής

dömubindi

χημική τουαλέτα

efnasalerni

παιδικό δωμάτιο
barnaherbergi

ξυπνητήρι
vekjaraklukka
λούτρινο ζωάκι
mjúkt leikfang
αυτοκινητάκι
leikfangabíll
κουδουνίστρα
hrista
κουκλόσπιτο
dúkkuhús
δώρο
gjöf

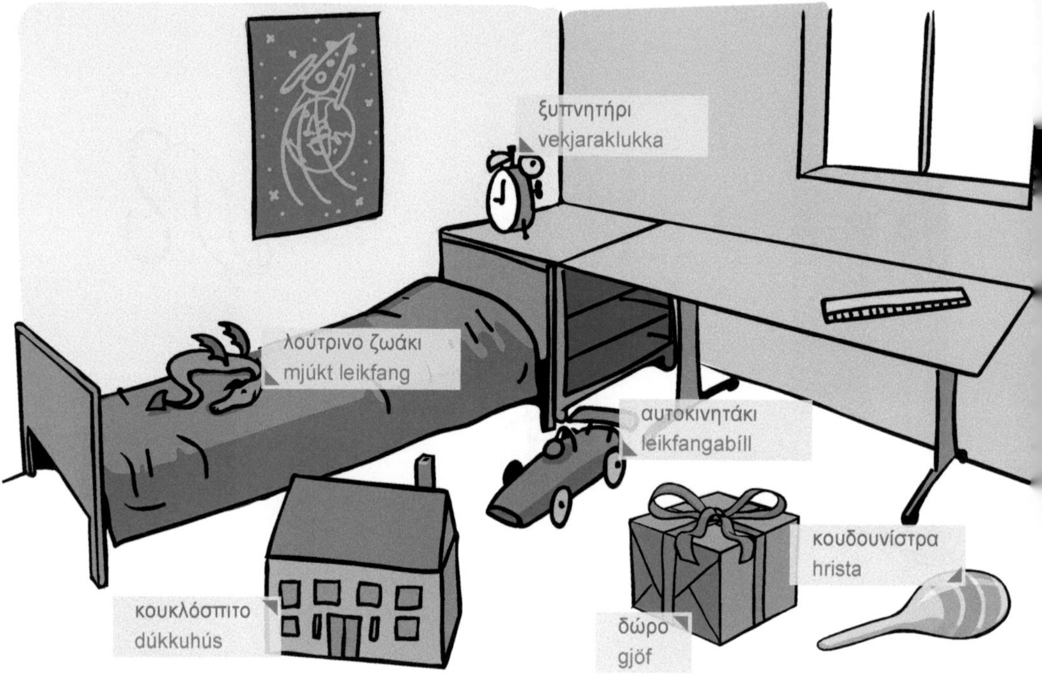

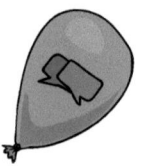

μπαλόνι

blaðra

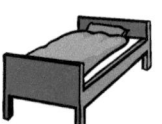

κρεβάτι

rúm

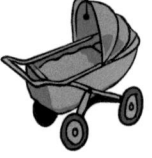

καροτσάκι

barnavagn

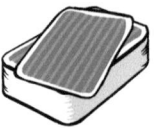

τράπουλα

spilastokkur

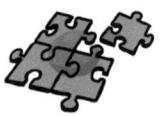

παζλ

púsluspil

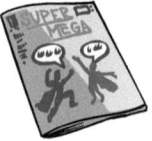

κόμικς

myndasaga

τουβλάκια lego

legókubbar

τουβλάκια κατασκευών

leikfangakubbar

φιγούρα δράσης

leikfangakall

βρεφικό φορμάκι

samfestingur

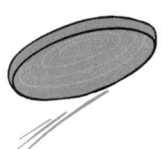

φρίσμπι

Frisbídiskur

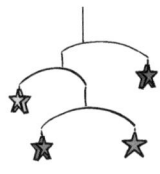

μόμπιλο

órói

επιτραπέζιο παιχνίδι

spilaborð

ζάρια

teningar

σετ τρενάκι

lestarlíkan

πιπίλα

snuð

πάρτι

veisla

εικονογραφημένο βιβλίο

myndabók

μπάλα

bolti

κούκλα

brúða

παίζω

spila

σκάμμα με άμμο

sandkassi

κούνια

sveifla

παιχνίδια

leikföng

κονσόλα βιντεοπαιχνιδιών

leikjatölva

τρίκυκλο

þríhjól

αρκουδάκι

bangsi

ντουλάπα

fataskápur

ρούχα
föt

κάλτσες

sokkar

καλτσοδέτες

kvensokkabuxur

καλσόν

sokkabuxur

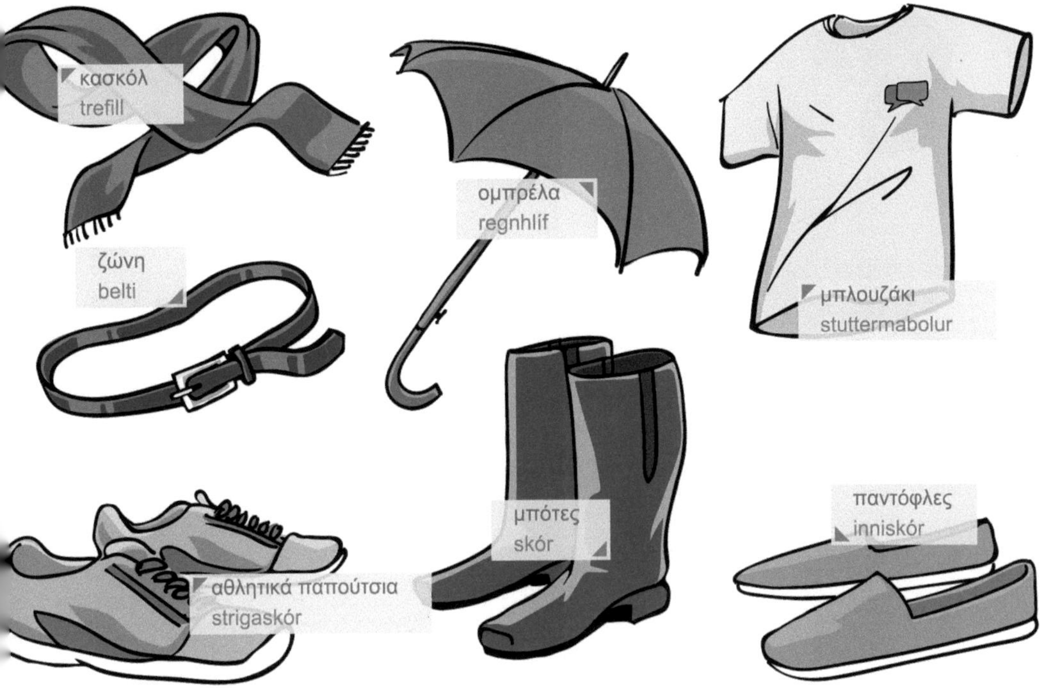

κασκόλ
trefill

ομπρέλα
regnhlif

μπλουζάκι
stuttermabolur

ζώνη
belti

μπότες
skór

παντόφλες
inniskór

αθλητικά παπούτσια
strigaskór

σανδάλια
sandalar

παπούτσια
skór

γαλότσες
gúmmístígvél

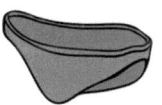

εσώρουχο
nærbuxur

σουτιέν
brjóstahaldari

φανέλα
vesti

σώμα

samfella

παντελόνι

buxur

τζιν παντελόνι

gallabuxur

φούστα

pils

μπλούζα

blússa

πουκάμισο

skyrta

πουλόβερ

peysa

πουλόβερ

hettupeysa

σακάκι

jakki

μπουφάν

jakki

παλτό

frakki

αδιάβροχο πανωφόρι

regnfrakki

κοστούμι

dragt

φόρεμα

kjóll

νυφικό

brúðarkjóll

κοστούμι

jakkaföt

νυχτικό

náttkjóll

πιτζάμες

náttföt

σάρι

Sari

μαντήλι

höfuðslæða

τουρμπάνι

túrban

μπούρκα

búrka

καφτάνι

kaftan

μουσουλμανικό ένδυμα

abaya

ολόσωμο μαγιό

sundföt

ανδρικό μαγιό

sundbuxur

σορτς

stuttbuxur

αθλητική φόρμα

íþróttagalli

ποδιά

svunta

γάντια

hanskar

κουμπί

hnappur

γυαλιά

gleraugu

βραχιόλι

armband

περιδέραιο

hálsmen

δαχτυλίδι

hringur

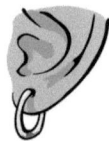

σκουλαρίκι

eyrnalokkur

καπέλο

húfa

κρεμάστρα

herðatré

καπέλο

hattur

γραβάτα

bindi

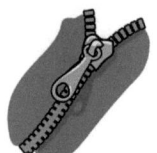

φερμουάρ

rennilás

κράνος

hjálmur

τιράντες

axlabönd

μαθητική στολή

skólabúningur

στολή

einkennisbúningur

σαλιάρα

smekkur

πιπίλα

snuð

πάνα

bleyja

γραφείο
skrifstofa

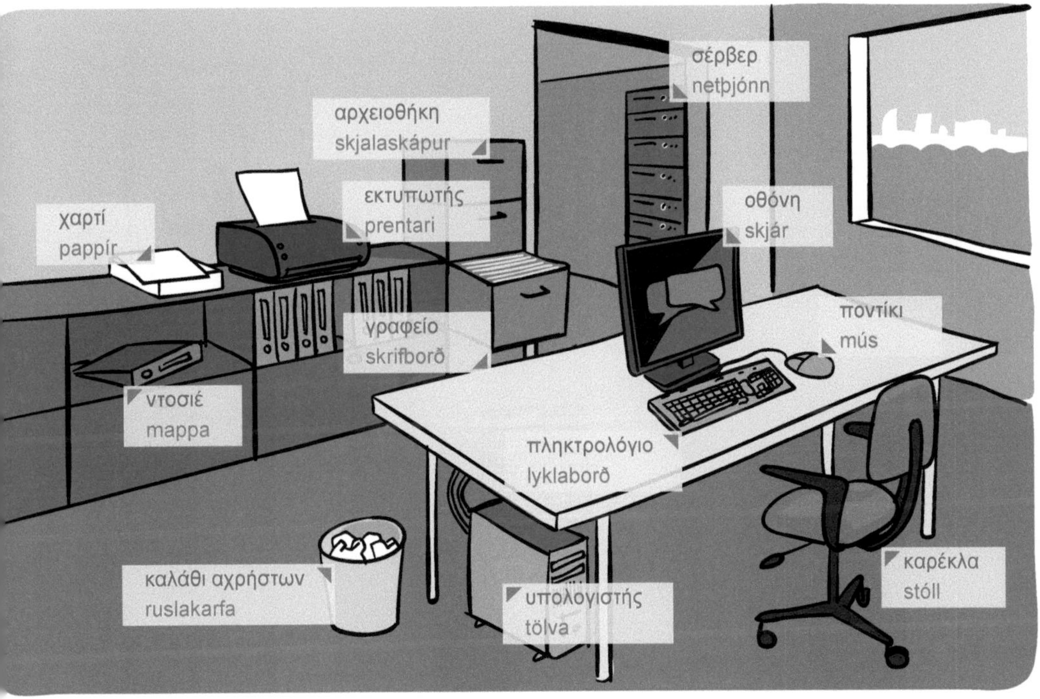

σέρβερ
netþjónn

αρχειοθήκη
skjalaskápur

εκτυπωτής
prentari

οθόνη
skjár

χαρτί
pappír

γραφείο
skrifborð

ποντίκι
mús

ντοσιέ
mappa

πληκτρολόγιο
lyklaborð

καλάθι αχρήστων
ruslakarfa

υπολογιστής
tölva

καρέκλα
stóll

κούπα του καφέ

kaffibolli

κομπιουτεράκι

reiknivél

ίντερνετ

internet

λάπτοπ

fartölva

γράμμα

bréf

μήνυμα

skilaboð

κινητό

farsími

δίκτυο

net

φωτοτυπικό μηχάνημα

ljósritunarvél

λογισμικό

hugbúnaður

τηλέφωνο

σími

πρίζα

innstunga

συσκευή φαξ

faxtæki

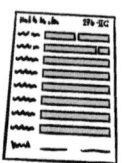

έντυπο

eyðublað

έγγραφο

skjal

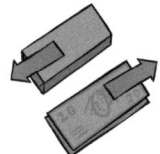

αγοράζω
....
kaupa

πληρώνω
....
borga

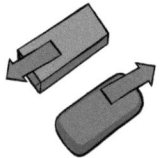

συναλλάσσομαι
....
versla

χρήματα
....
peningar

USD

δολάριο
....
dollari

EUR

ευρώ
....
evra

JPY

γιεν
....
jen

RUB

ρούβλι
....
rúbla

CHF

ελβετικό φράγκο
....
svissneskur franki

CNY

ρενμίνμπι γιουάν
....
renminbi yuan

INR

ρουπία
....
rúpíur

ATM (αυτόματη ταμειακή
μηχανή)
....
hraðbanki

ανταλλακτήρια
συναλλάγματος

gjaldeyrisskipti

χρυσός

gull

ασήμι

silfur

πετρέλαιο

olía

ενέργεια

orka

τιμή

verð

συμβόλαιο

samningur

φόρος

skattur

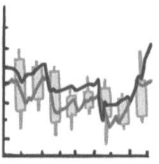

μετοχή

hlutabréf

δουλεύω

vinna

υπάλληλος

starfsmaður

εργοδότης

vinnuveitandi

εργοστάσιο

verksmiðja

κατάστημα

búð

επαγγέλματα
starfsgreinar

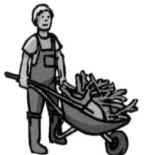

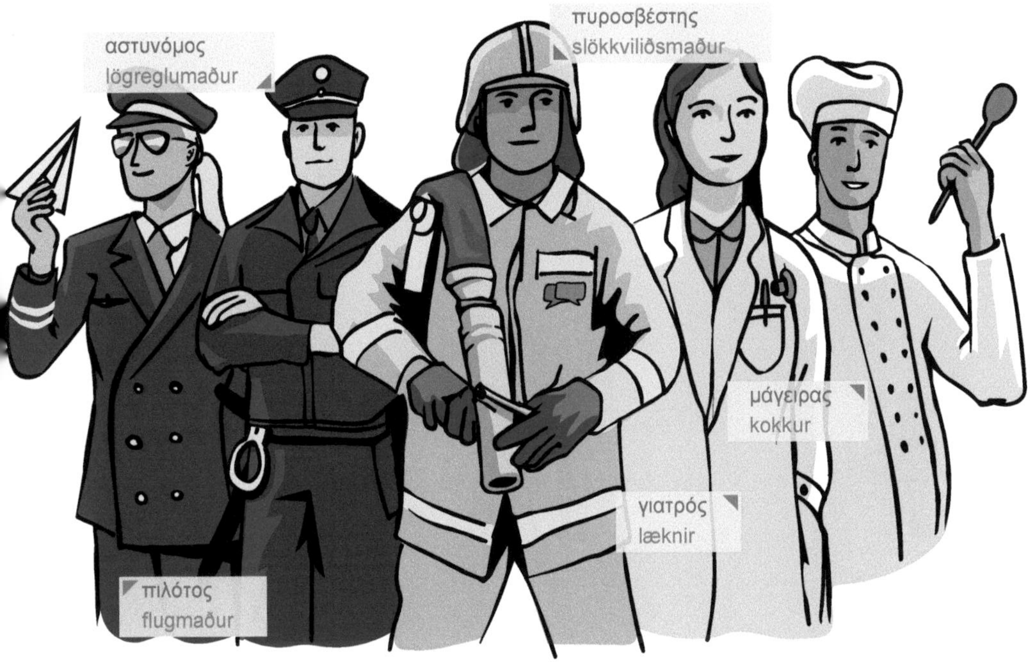
αστυνόμος
lögreglumaður
πυροσβέστης
slökkviliðsmaður
μάγειρας
kokkur
γιατρός
læknir
πιλότος
flugmaður

κηπουρός
garðyrkjumaður

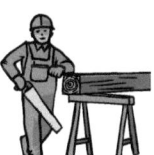

ξυλουργός
smiður

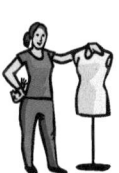

μοδίστρα
saumakona

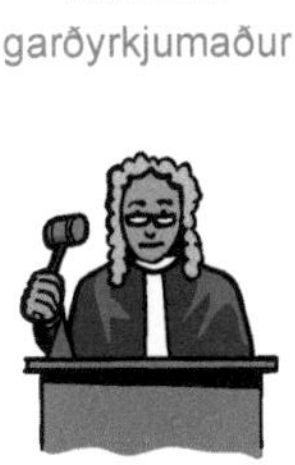

δικαστής
dómari

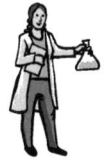

χημικός
lyfjafræðingur

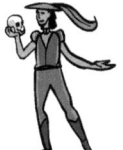

ηθοποιός
leikari

οδηγός λεωφορείου

στραετόβίλstjóri

ταξιτζής

leigubílstjóri

ψαράς

sjómaður

καθαρίστρια

ræstitæknir

τεχνίτης στεγών

þaksmiður

σερβιτόρος

þjónn

κυνηγός

veiðimaður

ζωγράφος

málari

αρτοποιός

bakari

ηλεκτρολόγος

rafvirki

οικοδόμος

byggingaverkamaður

μηχανολόγος

verkfræðingur

κρεοπώλης

slátrari

υδραυλικός

pípari

ταχυδρόμος

póstmaður

στρατιώτης

hermaður

αρχιτέκτονας

arkitekt

ταμίας

gjaldkeri

ανθοπώλης

blómasali

κομμωτής

hárgreiðslumaður

ελεγκτής εισιτηρίων

lestarstjóri

μηχανικός

vélvirki

καπετάνιος

skipstjóri

οδοντίατρος

tannlæknir

επιστήμονας

vísindamaður

ραβίνος

rabbíi

ιμάμης

Imam

μοναχός

munkur

ιερέας

prestur

εργαλεία
verkfæri

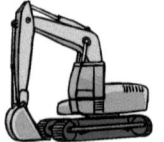

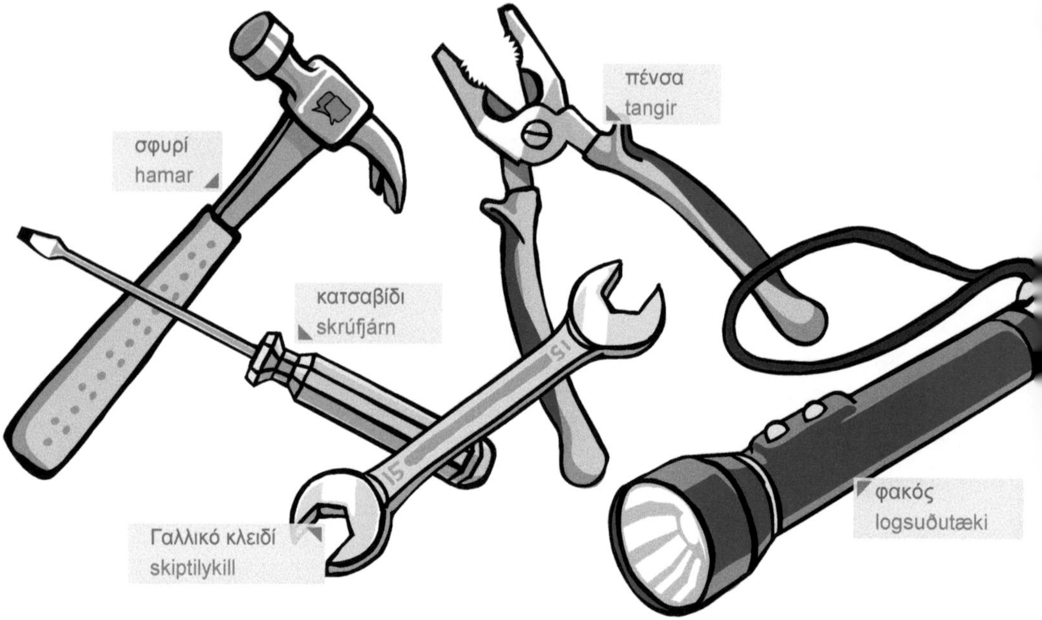

σφυρί
hamar
πένσα
tangir
κατσαβίδι
skrúfjárn
Γαλλικό κλειδί
skiptilykill
φακός
logsuðutæki

εκσκαφέας

grafa

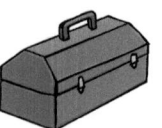

εργαλειοθήκη

verkfærataska

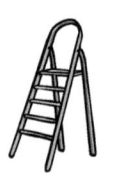

σκάλα

stigi

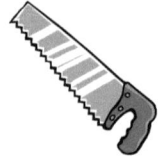

πριόνι

sög

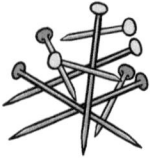

καρφιά

naglar

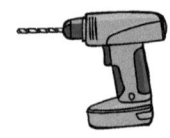

τρυπάνι

bor

επισκευάζω

gera við

φτυάρι

skófla

Να πάρει!

Fjandinn!

φαράσι

fægiskófla

δοχείο χρωμάτων

málningarfata

βίδες

skrúfur

μουσικά όργανα
hljóðfæri

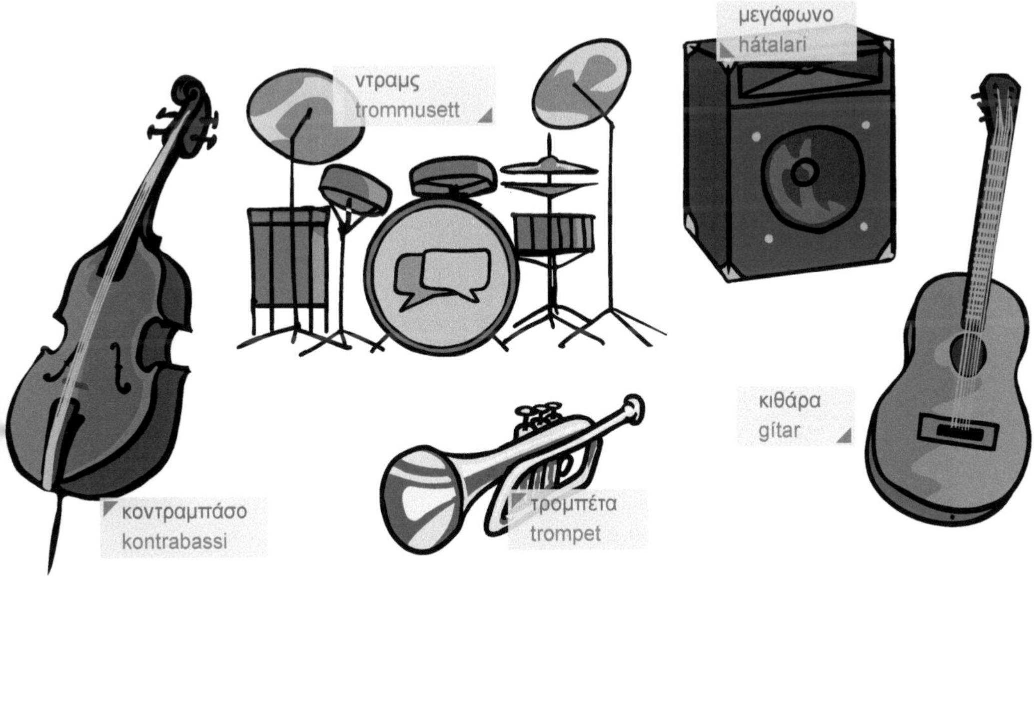

ντραμς
trommusett

μεγάφωνο
hátalari

κιθάρα
gítar

κοντραμπάσο
kontrabassi

τρομπέτα
trompet

πιάνο
píanó

βιολί
fiðla

μπάσο
bassi

τύμπανα
pákur

τύμπανο
trommur

πλήκτρα
hljómborð

σαξόφωνο
saxófónn

φλάουτο
flauta

μικρόφωνο
hljóðnemi

ζωολογικός κήπος
dýragarður

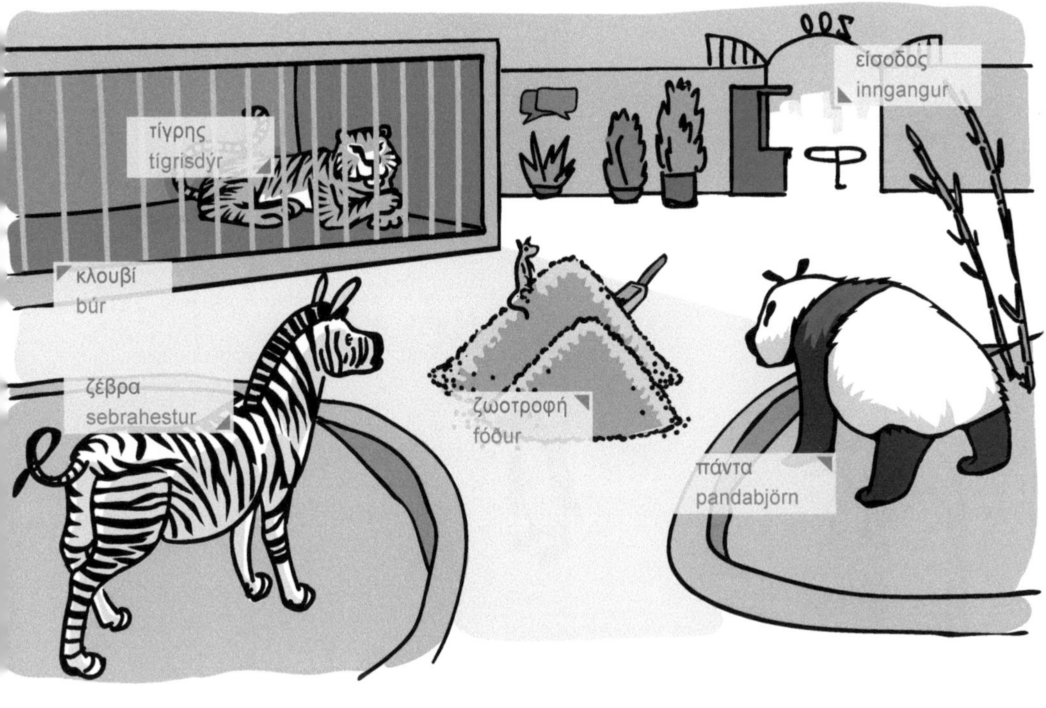

τίγρης
tígrisdýr
είσοδος
inngangur
κλουβί
búr
ζέβρα
sebrahestur
ζωοτροφή
fóður
πάντα
pandabjörn

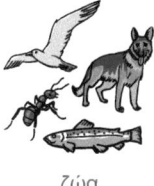

ζώα

dýr

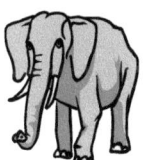

ελέφαντας

fíll

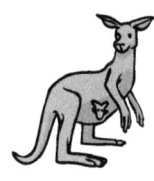

καγκουρό

kengúra

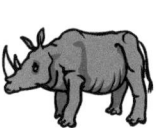

ρινόκερος

nashyrningur

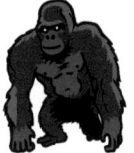

γορίλας

górilla

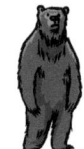

αρκούδα

skógarbjörn

καμήλα

úlfaldi

στρουθοκάμηλος

strútur

λιοντάρι

ljón

πίθηκος

api

φλαμίνγκο

flamingó

παπαγάλος

páfagaukur

πολική αρκούδα

ísbjörn

πιγκουίνος

mörgæs

καρχαρίας

hákarl

παγώνι

páfugl

φίδι

snákur

κροκόδειλος

krókódíll

φύλακας ζωολογικού κήπου

dýragarðsvörður

φώκια

selur

τζάγκουαρ

jagúar

πόνυ

hestur

λεοπάρδαλη

hlébarði

ιπποπόταμος

flóðhestur

καμηλοπάρδαλη

gíraffi

αετός

örn

αγριογούρουνο

villisvín

ψάρι

fiskur

χελώνα

skjaldbaka

θαλάσσιος ίππος

rostungur

αλεπού

refur

γαζέλα

gasella

Αμερικάνικο ποδόσφαιρο
Amerískur fótbolti

ποδηλασία
hjólreiðar

αντισφαίριση
tennis

μπάσκετ
körfubolti

κολύμβηση
sund

χôκεϋ επί πάγου
íshokkí

πυγχαμία
hnefaleikar

ποδόσφαιρο
fótbolti

μπάντμιντον
hnit

στίβος
frjálsar íþróttir

χάντμπολ
handbolti

σκι
skíði

πόλο
póló

δραστηριότητες
athafnir

γελάω
hlæja
πηδάω
hoppa
αγκαλιάζω
faðma
περπατάω
ganga
τραγουδάω
syngja
ονειρεύομαι
dreyma
προσεύχομαι
biðja
φιλάω
kyssa

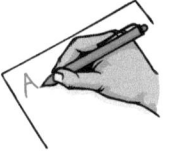

γράφω

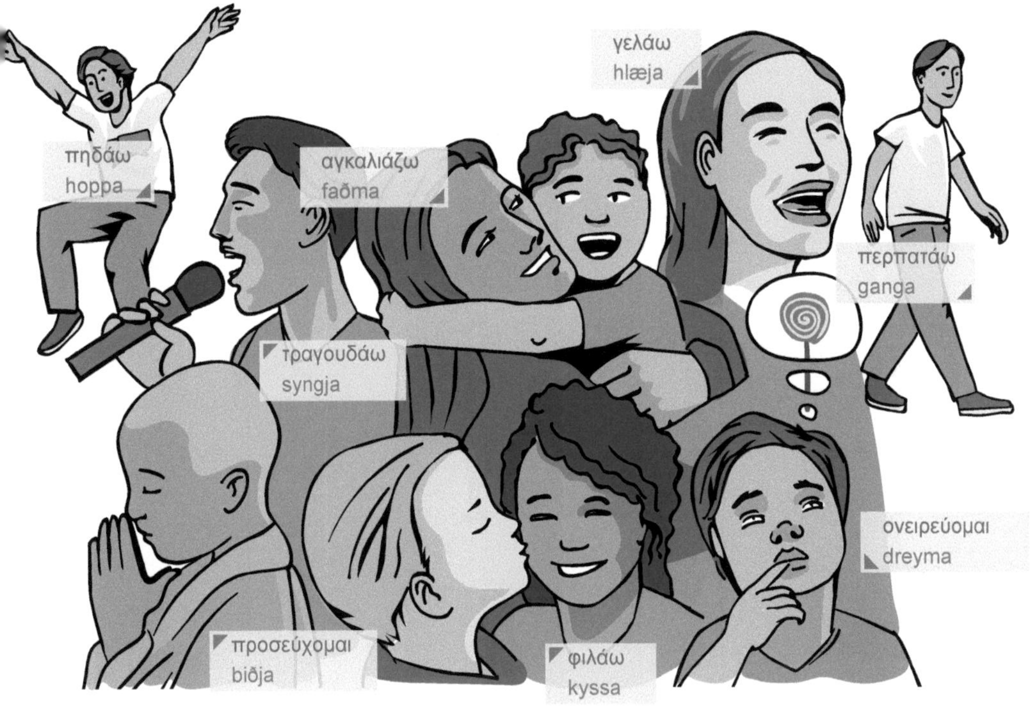

skrifa

σχεδιάζω

teikna

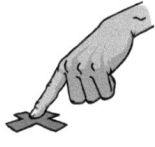

δείχνω

sýna

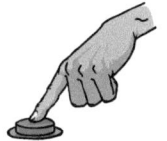

πιέζω

ýta

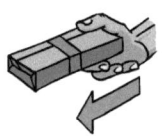

δίνω

gefa

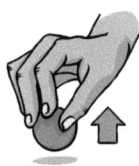

παίρνω

taka

έχω

hafa

κάνω

gera

είμαι

vera

στέκομαι

standa

τρέχω

hlaupa

τραβάω

draga

ρίχνω

kasta

πέφτω

detta

ξαπλώνω

ljúga

περιμένω

bíða

κουβαλώ

bera

κάθομαι

sitja

φοράω

klæða sig

κοιμάμαι

sofa

ξυπνάω

vakna

κοιτάω

líta á

κλαίω

gráta

χαϊδεύω

strjúka

χτενίζω

greiða

μιλάω

tala

καταλαβαίνω

skilja

ρωτάω

spyrja

ακούω

hlusta

πίνω

drekka

τρώω

borða

συγυρίζω

taka til

αγαπάω

elska

μαγειρεύω

elda

οδηγώ

keyra

πετάω

fljúga

κάνω ιστιοπλοΐα

sigla

υπολογίζω

reikna

διαβάζω

lesa

μαθαίνω

læra

δουλεύω

vinna

παντρεύομαι

giftast

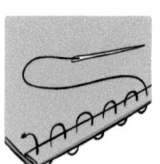

ράβω

sauma

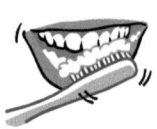

βουρτσίζω τα δόντια

bursta tennur

σκοτώνω

drepa

καπνίζω

reykja

στέλνω

senda

οικογένεια
fjölskylda

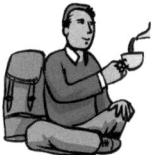

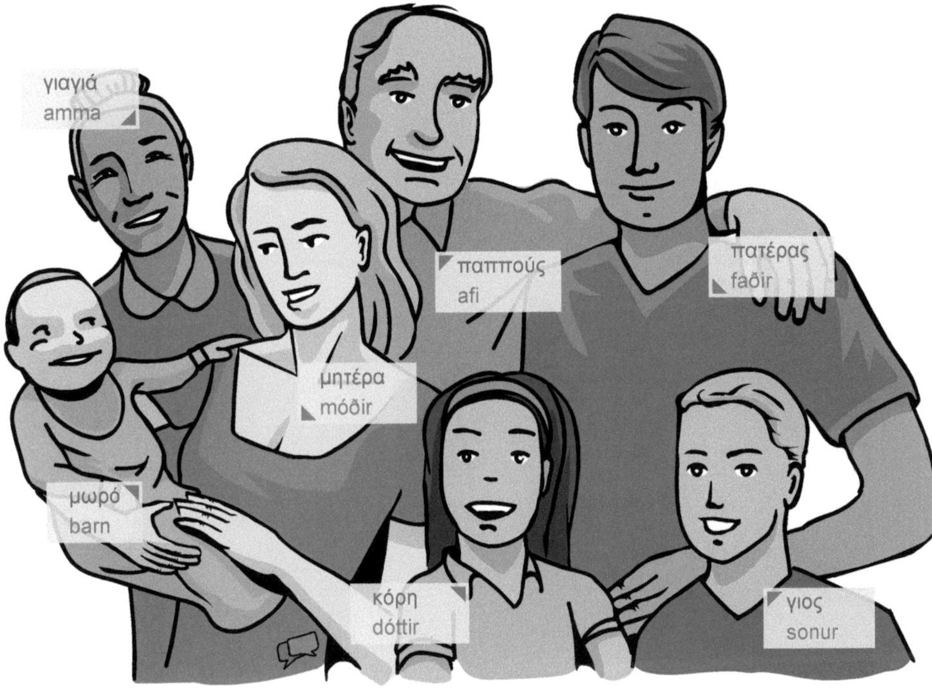
γιαγιά
amma
παππούς
afi
πατέρας
faðir
μητέρα
móðir
μωρό
barn
κόρη
dóttir
γιος
sonur

καλεσμένος
....
gestur

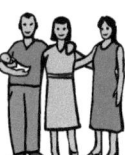

θεία
....
frænka

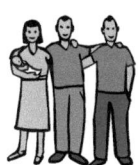

θείος
....
frændi

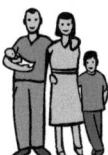

αδελφός
....
bróðir

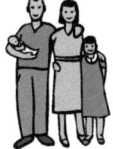

αδελφή
....
systir

σώμα
líkami

μέτωπο
enni
μάτι
auga
ώμος
öxl
δάχτυλο
fingur
πρόσωπο
andlit
πιγούνι
haka
χέρι
hönd
πόδι
fótleggur
στήθος
brjóst
βραχίονας
handleggur

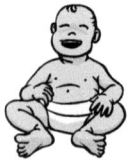

μωρό

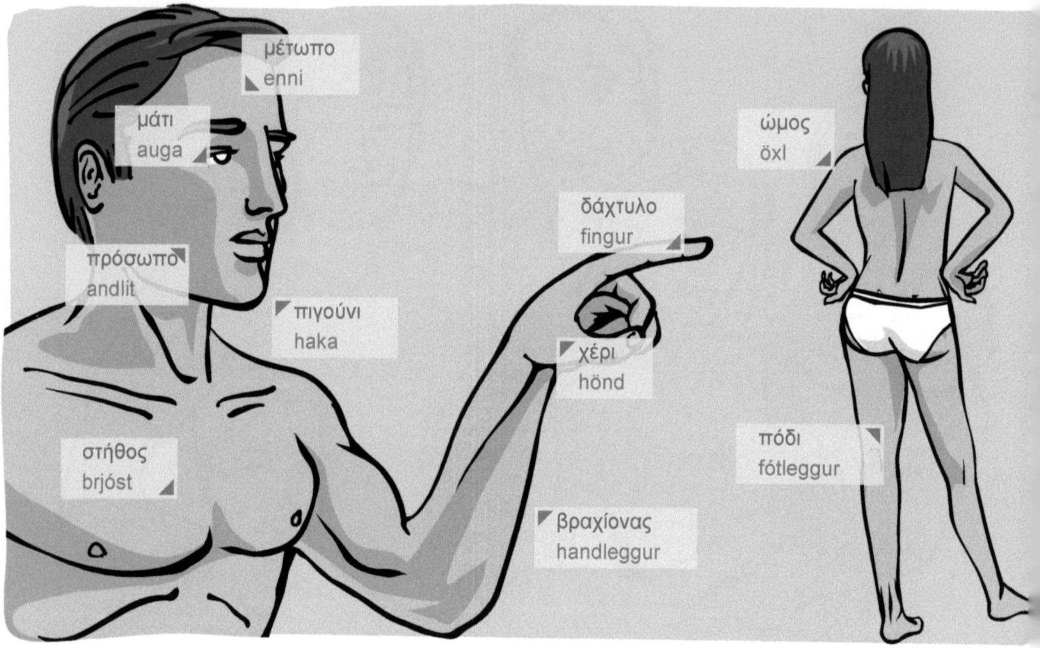

barn

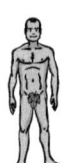

άνδρας

maður

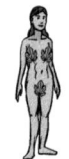

γυναίκα

kona

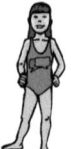

κορίτσι

stúlka

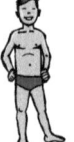

αγόρι

drengur

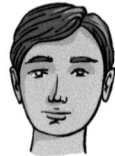

κεφάλι

höfuð

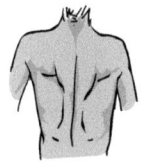

πλάτη

bak

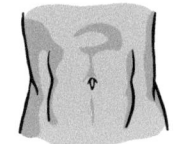

κοιλιά

kviður

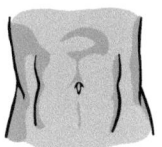

αφαλός

nafli

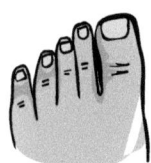

δάχτυλο ποδιού

tá

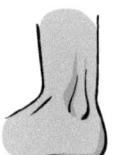

φτέρνα

hæll

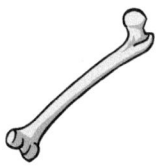

κόκκαλο

bein

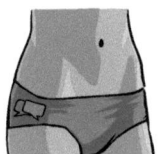

γοφός

mjöðm

γόνατο

hné

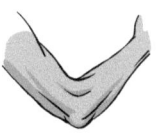

αγκώνας

olnbogi

μύτη

nef

γλουτός

rass

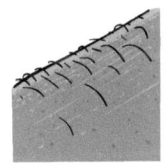

δέρμα

húð

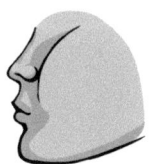

μάγουλο

kinn

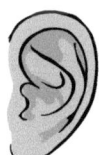

αυτί

eyra

χείλος

vör

στόμα

munnur

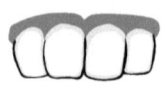

δόντι

tönn

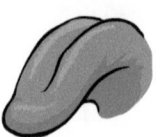

γλώσσα

tunga

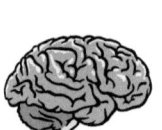

εγκέφαλος

heili

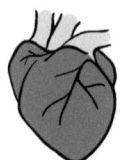

καρδιά

hjarta

μυς

vöðvi

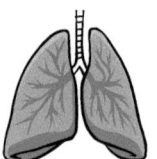

πνεύμονας

lunga

συκώτι

lifur

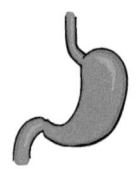

στομάχι

magi

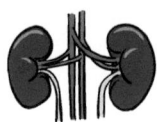

νεφρά

nýru

σεξουαλική επαφή

kynmök

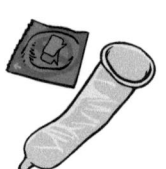

προφυλακτικό

smokkur

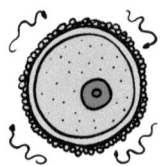

ωάριο

eggfruma

σπέρμα

sæði

εγκυμοσύνη

ólétta

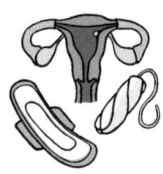

περίοδος

tíðir

γυναικείος κόλπος

leggöng

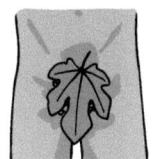

πέος

typpi

φρύδι

augabrún

μαλλιά

hár

λαιμός

háls

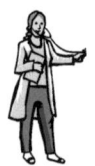

νοσοκομείο
sjúkrahús

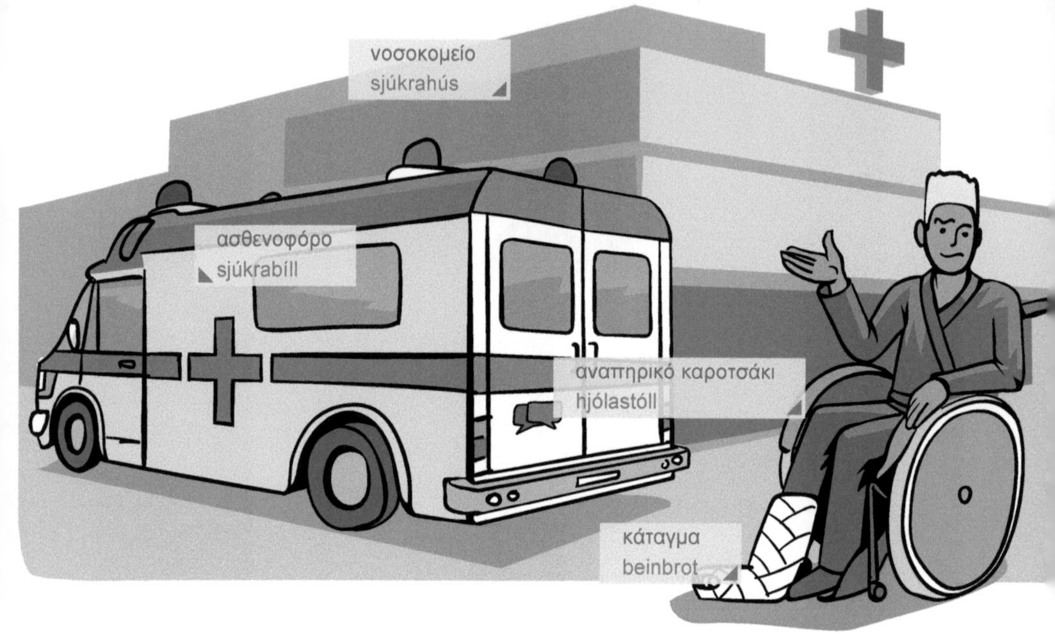

νοσοκομείο
sjúkrahús
ασθενοφόρο
sjúkrabíll
αναπηρικό καροτσάκι
hjólastóll
κάταγμα
beinbrot

γιατρός

læknir

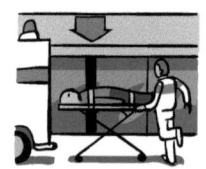

μονάδα εντατικής θεραπείας

bráðamóttaka

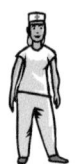

νοσοκόμα

hjúkrunarfræðingur

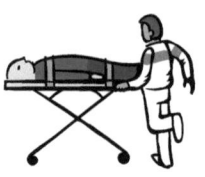

έκτακτη ανάγκη

neyðartilvik

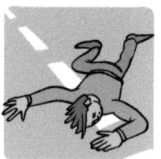

λιπόθυμος

meðvitundarlaus

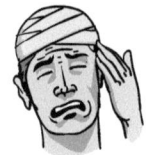

πόνος

verkir

τραύμα

meiðsli

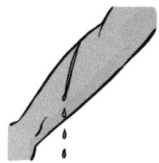

αιμορραγία

blæðing

έμφραγμα

hjartaáfall

εγκεφαλικό

heilablóðfall

αλλεργία

ofnæmi

βήχας

hósti

πυρετός

hiti

γρίπη

flensa

διάρροια

niðurgangur

πονοκέφαλος

höfuðverkur

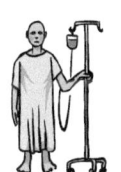

καρκίνος

krabbamein

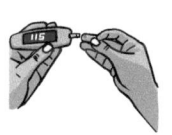

διαβήτης

sykursýki

χειρουργός

skurðlæknir

νυστέρι

skurðhnífur

εγχείρηση

aðgerð

αξονική τομογραφία
sneiðmyndataka

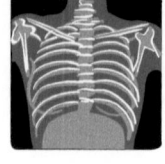

ακτινογραφία
röntgengeisli

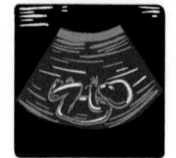

υπέρηχος
ómskoðun

μάσκα
andlitsgríma

ασθένεια
sjúkdómur

αίθουσα αναμονής
biðstofa

πατερίτσα
hækja

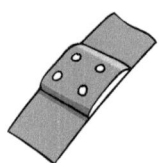

χάνσαπλαστ
gifs

επίδεσμος
sáraumbúðir

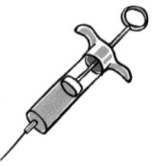

ένεση
sprauta

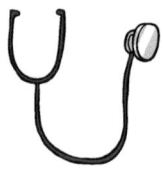

στηθοσκόπιο
hlustunarpípa

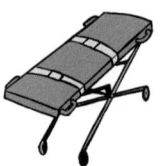

φορείο
börur

θερμόμετρο
líkamshitamælir

γέννηση
fæðing

υπέρβαρο
yfirvigt

ακουστικό βαρηκοΐας

heyrnartæki

αντισηπτικό

sótthreinsiefni

λοίμωξη

sýking

ιός

veira

HIV/AIDS

HIV / AIDS

φάρμακο

lyf

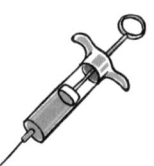

εμβολιασμός

bólusetning

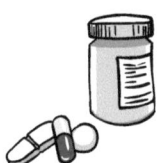

δισκία

töflur

χάπι

pilla

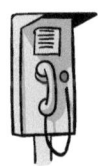

κλήση έκτακτης ανάγκης

neyðarsímtal

πιεσόμετρο αίματος

blóðþrýstingsmælir

άρρωστος / υγιής

lasinn / heilbrigður

Βοήθεια!

Hjálp!

συναγερμός

viðvörun

βιαιοπραγία

líkamsárás

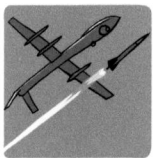

επίθεση

árás

κίνδυνος

hætta

έξοδος κινδύνου

neyðarútgangur

Φωτιά!

Eldur!

πυροσβεστήρας

slökkvitæki

ατύχημα

slys

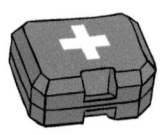

κουτί πρώτων βοηθειών

skyndihjálparbúnaður

SOS

SOS

αστυνομία

lögregla

Ευρώπη

Evrópa

Βόρεια Αμερική

Norður-Ameríka

Νότια Αμερική

Suður-Ameríka

Αφρική

Afríka

Ασία

Asía

Αυστραλία

Ástralía

Ατλαντικός Ωκεανός

Atlantshaf

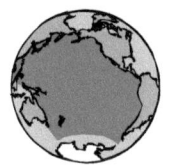

Ειρηνικός Ωκεανός

Kyrrahaf

Ινδικός Ωκεανός

Indlandshaf

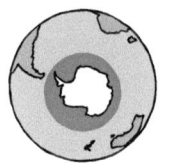

Ανταρκτικός Ωκεανός

Suður-Íshaf

Αρκτικός Ωκεανός

Norður-Íshaf

Βόρειος Πόλος

Norðurpóll

Νότιος Πόλος
Suðurpóll

Ανταρκτική
Suðurskautslandið

Γη
Jörð

γη
land

θάλασσα
sjór

νησί
eyja

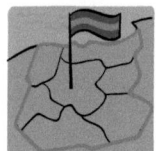

έθνος
þjóð

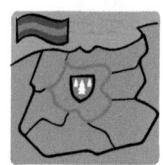

πολιτεία
ríki

κοντράν ρολογιού

klukkuskífa

ωροδείκτης

litli vísir

λεπτοδείκτης

stóri vísir

δείκτης δευτερολέπτων

sekúnduvísir

Τι ώρα είναι;

Hvað er klukkan?

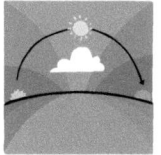

ημέρα

dagur

χρόνος

tími

τώρα

nú

ψηφιακό ρολόι

tölvuúr

λεπτό

mínúta

ώρα

klukkustund

εβδομάδα
vika

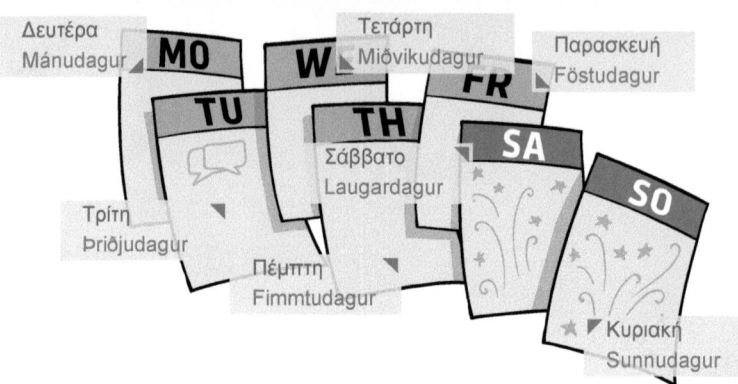

Δευτέρα Mánudagur

Τρίτη Þriðjudagur

Τετάρτη Miðvikudagur

Πέμπτη Fimmtudagur

Παρασκευή Föstudagur

Σάββατο Laugardagur

Κυριακή Sunnudagur

χθες
....
í gær

σήμερα
....
í dag

αύριο
....
á morgun

πρωί
....
morgunn

μεσημέρι
....
hádegi

βράδυ
....
kvöld

MO	TU	WE	TH	FR	SA	SU
1	2	3	4	5	6	7
8	9	10	11	12	13	14
15	16	17	18	19	20	21
22	23	24	25	26	27	28
29	30	31	1	2	3	4

εργάσιμες ημέρες
....
virkir dagar

MO	TU	WE	TH	FR	SA	SU
1	2	3	4	5	6	7
8	9	10	11	12	13	14
15	16	17	18	19	20	21
22	23	24	25	26	27	28
29	30	31	1	2	3	4

Σαββατοκύριακο
....
helgi

έτος
ár

βροχή
rigning
ουράνιο τόξο
regnbogi
χιόνι
snjór
άνεμος
vindur
άνοιξη
vor
φθινόπωρο
haust
καλοκαίρι
sumar
χειμώνας
vetur

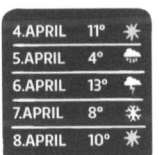

4.APRIL 11°
5.APRIL 4°
6.APRIL 13°
7.APRIL 8°
8.APRIL 10°

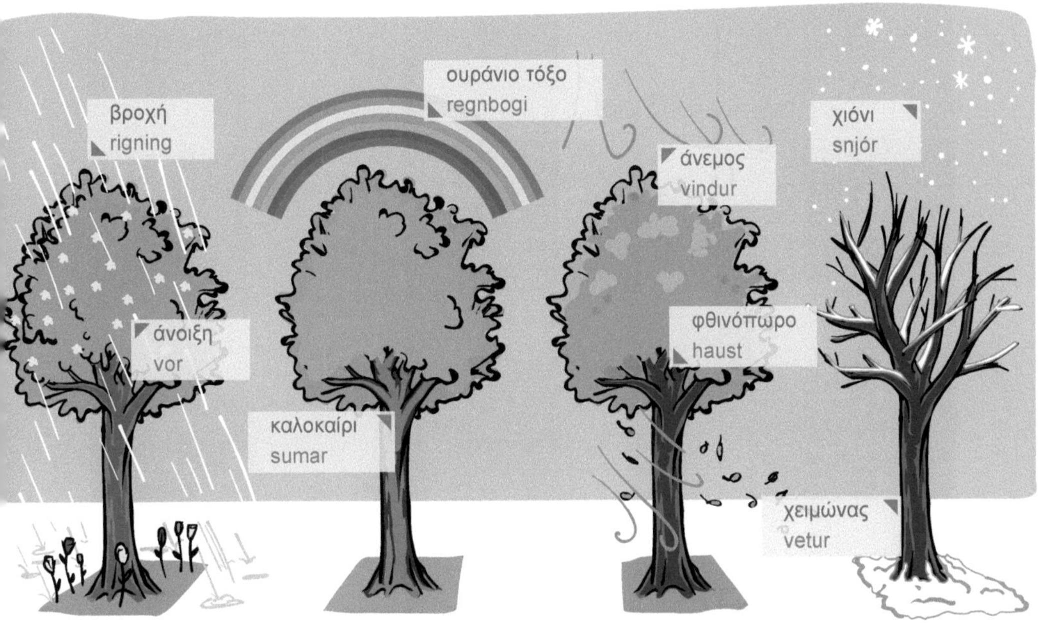

πρόγνωση καιρού

veðurspá

F C
120 40
90 30
60 20
30 10
0 0
-30 -10
-20

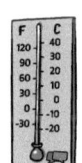

θερμόμετρο

hitamælir

λιακάδα

sólskin

σύννεφο

ský

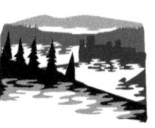

ομίχλη

þoka

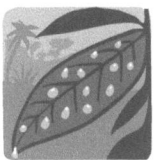

υγρασία

raki

αστραπή

eldingar

κεραυνός

þrumuveður

καταιγίδα

stormur

χαλάζι

haglél

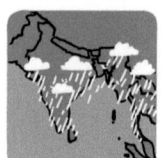

μουσώνας

monsún

πλημμύρα

flóð

πάγος

ís

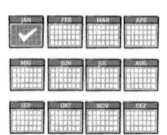

Ιανουάριος

Janúar

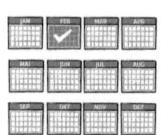

Φεβρουάριος

Febrúar

Μάρτιος

Mars

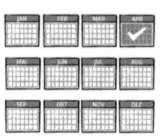

Απρίλιος

Apríl

Μάιος

Maí

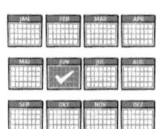

Ιούνιος

Júní

Ιούλιος

Júlí

Αύγουστος

Ágúst

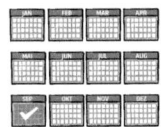

Σεπτέμβριος

September

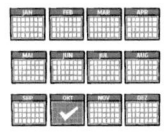

Οκτώβριος

Oktόber

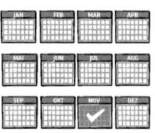

Νοέμβριος

Nόvember

Δεκέμβριος

Desember

σχήματα
form

κύκλος

hringur

τετράγωνο

ferningur

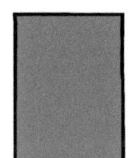

ορθογώνιο
παραλληλόγραμμο
rétthyrningur

τρίγωνο

þríhyrningur

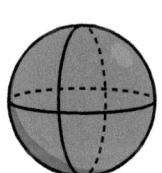

σφαίρα

kúla

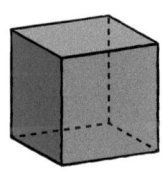

κύβος

teningur

άσπρο

hvítur

κίτρινο

gulur

πορτοκαλί

appelsínugulur

ροζ

bleikur

κόκκινο

rauður

μωβ

fjólublár

μπλε

blár

πράσινο

grænn

καφέ

brúnn

γκρι

grár

μαύρο

svartur

πολύ / λίγο

mikið / lítið

θυμωμένος / ήρεμος

reiður / rólegur

όμορφος / άσχημος

fallegur / ljótur

αρχή / τέλος

upphaf / endir

μεγάλος / μικρός

stór / lítill

φωτεινός / σκοτεινός

bjartur / dimmur

αδελφός / αδελφή

bróðir / systir

καθαρός / λερωμένος

hreinn / óhreinn

πλήρης / ατελής

heill / ófullnægjandi

ημέρα / νύχτα

dagur / nótt

νεκρός / ζωντανός

dauður / lifandi

φαρδύς / στενός

breiður / mjór

βρώσιμος / μη βρώσιμος

ætur / óætur

κακός / ευγενικός

vondur / góður

ενθουσιασμένος /
βαριεστημένος

spenntur / leiður

παχύς / λεπτός

feitur / mjór

πρώτος / τελευταίος

fyrstur / síðastur

φίλος / εχθρός

vinur / óvinur

γεμάτος / άδειος

fullur / tómur

σκληρός / μαλακός

harður / mjúkur

βαρύς / ελαφρύς

þungur / léttur

πείνα / δίψα

svangur / þyrstur

άρρωστος / υγιής

lasinn / heilbrigður

παράνομος / νόμιμος

ólöglegur / löglegur

έξυπνος / χαζός

greindur / heimskur

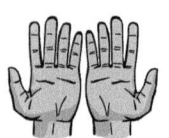

αριστερός / δεξιός

vinstri / hægri

κοντινός / μακρινός

nálægur / fjarlægur

καινούριος / μεταχειρισμένος

nýr / notaður

τίποτα / κάτι

ekkert / eitthvað

γέρος | νέος

gamall / ungur

αναμμένος / σβηστός

kveikt / slökkt

ανοιχτός / κλειστός

opna / loka

χαμηλόφωνος / μεγαλόφωνος

Lágvær / hávær

πλούσιος / φτωχός

ríkur / fátækur

σωστός / λανθασμένος

rétt / rangt

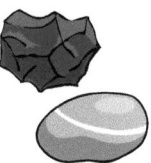

τραχύς / λείος

grófur / sléttur

λυπημένος / χαρούμενος

sorgbitinn / hamingjusamur

κοντός / μακρύς

stutt / lengi

αργός / γρήγορος

hægt / hratt

υγρός / στεγνός

blautur / þurr

ζεστός / δροσερός

heitur / kaldur

πόλεμος / ειρήνη

stríð / friður

αντίθετα - andstæður

0	**1**	**2**
μηδέν	ένα	δύο
núll	einn	tveir

3	**4**	**5**
τρία	τέσσερα	πέντε
þrír	fjórir	fimm

6	**7**	**8**
έξι	εφτά	οκτώ
sex	sjö	átta

9	**10**	**11**
εννιά	δέκα	έντεκα
níu	tíu	ellefu

12
δώδεκα
tólf

13
δεκατρία
þrettán

14
δεκατέσσερα
fjórtán

15
δεκαπέντε
fimmtán

16
δεκαέξι
sextán

17
δεκαεφτά
sautján

18
δεκαοκτώ
átján

19
δεκαεννέα
nítján

20
είκοσι
tuttugu

100
εκατό
hundrað

1.000
χίλια
þúsund

1.000.000
εκατομμύριο
milljón

Αγγλικά

Enska

Αμερικάνικα Αγγλικά

Amerísk enska

Μανδαρίνικα Κινέζικα

Mandarin-kínverska

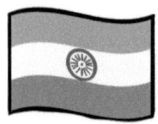

Χίντι

Hindí

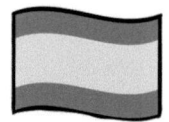

Ισπανικά

Spænska

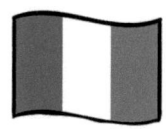

Γαλλικά

Franska

Αραβικά

Arabíska

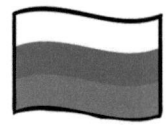

Ρώσικα

Rússneska

Πορτογαλικά

Portúgalska

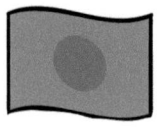

Μπενγκάλι

Bengali

Γερμανικά

Þýska

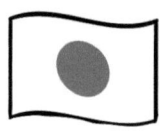

Ιαπωνικά

Japanska

εγώ

ég

εσύ

þú

αυτός / αυτή / αυτό

hann / hún / það

εμείς

við

εσείς

þú

αυτοί / αυτές / αυτά

þeir

ποιος / ποια / ποιο;

hver?

τι;

hvað?

πώς;

hvernig?

πού;

hvar?

πότε;

hvenær?

όνομα

nafn

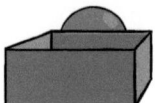

πίσω

bakvið

μέσα

í

μπροστά

fyrir framan

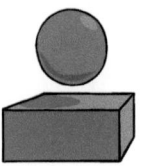

πάνω από

yfir

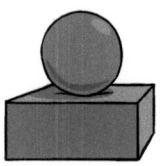

πάνω

á

κάτω

undir

δίπλα

við hliðina

ανάμεσα

milli

μέρος

sæti